Benjamin Kelm

Ich lese was, was du nicht liest.

Coverdesign:
Michael Braun

Korrektorat:
Vanessa Wagner, Martina Kelm, Kristian Mosley

Bibliografische Information der Deutschen Nationalbibliothek: Die Deutsche Nationalbibliothek verzeichnet diese Publikation in der Deutschen Nationalbibliografie; detaillierte bibliografische Daten sind im Internet über http://dnb.d-nb.de abrufbar.

Herstellung und Verlag:
BoD – Books on Demand, Norderstedt
ISBN   978-3-750-42101-1

Für meine geliebte Familie.
Ihr seid mein Ursprung und mein Halt.

Für meine Freunde.
Ihr macht mein Leben lebenswert.

Für die Person, die ich von ganzem Herzen liebe.
Du bist mein Zuhause.

Und für meine Tante Hedi.
Du hast mich (nicht nur) zum Schreiben gebracht.

Ein paar Worte zu Beginn

Während du diese Zeilen hier liest, kannst du dir vorstellen, wie ich gerade in meinem alten Zimmer im Haus meiner Eltern auf dem Boden sitze.

An den Wänden hängen noch Poster von Linkin Park und Avril Lavigne. Vor mir ist ein kleines Regal mit Büchern und Videokassetten, wie u.a. „Scream 2", „Freche Biester!" (Kann mir einer sagen, was das für ein Film ist und warum ich ihn habe?!) und eine Staffel von „Buffy – Im Bann der Dämonen", meine erste Lieblingsserie und zweite große Liebe.

Wer meine erste große Liebe war, verrate ich dir noch. Übrigens war Dämonenjäger als Kind mein Traumberuf... und ist es heute immer noch.

Wer jetzt denkt, wie oldschool oder wie alt ich denn bitte bin, ich habe hier auch DVDs und CDs. Und wer das jetzt immer noch denkt, ich schaue mittlerweile auch Filme auf Netflix. So ist es ja nicht.

Am liebsten so neue Serien wie „Gilmore Girls".

Gerade höre ich mit meiner Stereoanlage, die einen 5-fachen CD-Wechsler besitzt (Ja, es ist ein Ferrari unter den Stereoanlagen!) den Song „Complicated" aus dem Jahr 2002.

Wenn du nun nicht weißt, wer diesen grandiosen Song auf ihrem Debutalbum „Let Go" veröffentlicht hat, dann lies bitte noch einmal weiter oben nach. Hinweis: Poster.

Mein Kinder- und Jugendzimmer ist direkt unterm Dach. Im Sommer war es oft sehr heiß und im Winter dafür oft sehr kalt. Es war also sehr ausgewogen.

Ein Balken in Bodenhöhe verläuft einmal quer von Fenster zu Fenster durchs Zimmer.

Dieser ist, genauso wie der Boden, mit einem blauen Teppich versehen und direkt neben meinem Bett liegt ein kleines hellbraunes Holzbrett.

Auf diesem mit Teppich ummantelten Balken.

Der wichtigste Platz in meinem Zimmer.

Hier habe ich geschrieben.

Herzenstexte.

So nenne ich sie.

Vielleicht ist es dir noch gar nicht so bewusst, aber du hältst gerade etwas sehr Persönliches in deinen zwei Händen.

Ein Buch mit Texten, Gedanken und Gedichten aus meiner Kindheit, Jugend und den Jahren danach.

Eigentlich genau bis zum heutigen Tag.

Herzenstexte aus den Jahren 1998 bis 2019. Das sind über 20 Jahre. Wahnsinn.

Wenn ich mir diese Jahreszahlen so anschaue, kann ich es selbst kaum glauben. Nicht nur, dass es Texte vor dem Millennium oder der Einführung des Euros sind, sondern geschriebene Worte, die Zweidrittel meines Lebens beinhalten.

Zweidrittel meines Lebens, überleg dir das mal.

Und okay, ich gebe es ja zu, vielleicht bin ich doch mittlerweile schon etwas oldschool geworden.

Aber nur so ein bisschen.

Wie auch immer.
Auf jeden Fall habe ich recht lange mit dem Gedanken gespielt, ob ich sie veröffentlichen soll.

Ich meine, sie sind schon sehr nah an mir dran.
Allein schon dadurch, dass ich viele dieser Texte als Kind und Jugendlicher geschrieben habe.
In einer unglaublich einprägsamen Zeit mit vielen Unsicherheiten, Zweifeln und Bedenken. Aber vor allem mit einem gefühlten Zustand eines generellen innerlichen (und emotionalen) Chaos.

Ich weiß nicht genau warum, vielleicht weil ich in New York viel Zeit zum Nachdenken habe (da lebe ich übrigens momentan), doch in diesem Jahr habe ich erkannt, dass viele dieser Themen, die mich damals schon beschäftigt, mich eigentlich nie so wirklich losgelassen haben.
Es sind *meine* Themen und sie beschäftigen mich heute immer noch. Nur, dass ich gelernt habe, mit ihnen anders umzugehen.
Da ich mittlerweile aus mehr Lebenserfahrung schöpfe und ich akzeptiert habe, dass sie zu mir gehören.
Mich ausmachen. Ein Teil von mir sind.
Genauso wie sie vielleicht auch Teil von anderen sind und ich mit diesen Gedanken gar nicht allein bin.
Ich sie vielleicht mit Menschen teilen kann, die sich in ihnen wiederfinden, etwas von sich erkennen und sich vor allem verstanden fühlen.

3

Etwas, was in meinen Augen sehr wichtig ist. Ich habe mich früher oft nicht verstanden gefühlt.

Wenn du jetzt Angst hast, dass dir die nächsten Zeilen eventuell zu privat werden und du etwas über meine Bettgeschichten oder Angewohnheiten im Badezimmer erfährst, da kann ich Entwarnung geben.
Privat sind sie nicht, aber sehr persönlich.
Zwischen den ganzen Herzenstexten findest du ab und zu auch einen Kommentar, der etwas zur Entstehung oder meiner heutigen Sicht preisgibt.
Sozusagen ein kleines „Behind the Scenes".

Tja, und wem das alles zu viel ist, der legt das Buch lieber noch einmal weg.

Allen anderen, und vor allem dir, wünsche ich eine gute Zeit beim Lesen und vielleicht wird der eine oder andere Text ebenfalls ein Herzenstext von dir.
Wer weiß.
Selbst wenn du die einzige Person wärst, dann hat es sich für mich schon gelohnt, mutig zu sein, und sie mit dir zu teilen.

Benjamin

11. August 2019

P.S.:

Wenn dir dieses Buchcover bekannt vorkommt, dann hast du mich wohl erwischt, wie ich 2007 heimlich am Kopierer meiner FSJ-Stelle ein paar Exemplare eines kleinen Gedichtbandes für meine Familie kopiert habe. (Sorry! Es waren nicht viele, wirklich!)

Ich danke dir, dass du mich nicht verraten hast!

Danke.

Falls du neugierig warst und seitdem nicht richtig schlafen konntest, da du unbedingt wissen wolltest, was dieser junge Mann kopiert hat...

Tada!

Du findest alle Gedichte in diesem Buch. Und das ist sozusagen mein Geschenk an dich. Ruhige Nächte.

...Gern geschehen!

Geschichten der Kindheit

Wann ich genau mit dem Schreiben angefangen habe, kann ich leider nicht mehr sagen.

Selbst wenn ich auf Spurensuche gehe und mich durch sämtliche Unterlagen der 90er Jahre kämpfe, hier fehlen einfach die historischen Aufzeichnungen.

Jedoch lassen sich die ersten handschriftlichen Dokumente aus dem Jahr 1998 finden, sodass ich mit ziemlicher Sicherheit sagen kann, dass meine Tätigkeiten als junger Schriftsteller nicht im Kindergarten, sondern erst in der Grundschule angefangen haben.

Ja, auch mich hat es verwundert.

Somit ist die Geschichte des kleinen Drachens Tititu, die du in diesem Buch gleich lesen wirst, bis dato mein ältestes Werk.

Außer es tauchen noch weitere Schriftstücke aus einer früheren Schreibepoche auf.

Diese dürften sich allerdings auf meinen Namen, Mama, Papa und „ada ada gehen" (spazieren gehen) beschränken und scheiden somit als eigene und urheberrechtlich geschützte Werke aus.

Apropos, urheberrechtlich geschützte Werke.

So gerne würde ich dir zeigen, wie es mit Harry Potter nach dem dritten Band weitergegangen wäre, wenn Joanne K. Rowling die Rechte an mich abgetreten hätte. Hat sie aber nicht.

Kurz habe ich überlegt, ob ich die Hauptfigur einfach in Parry Hotter umbenennen und aus Hagrid einen Dirgah machen sollte, um dir doch einen Auszug zeigen zu können.

Aber mhh, dann wäre irgendwie der Charme weg und Parry Hotter würde wohl besser in ein anderes Genre passen.

Doch komm, ich kann es ja mal versuchen:
Ihr-wisst-schon-alle-wer hat die Gasse der Winkel mit sterbenden Fressern angegriffen, als Hotter und Dirgah im leckenden Pott waren und gemeinsam junge Dinger vernaschten.
...Du merkst schon, das wird so nix!

Aber dafür kannst du den Anfang meiner unvollendeten Fantasysaga „Die fünf magischen Amulette" (angedacht waren auch mal fünf epische Bände) und eine Kurzgeschichte über eine dicke Katze lesen.
Viele wissen es nicht, sie war die Großcousine einer meiner Idole, und zwar Grumpy Cat (Rest in peace, my friend).

Wenn du jetzt gleich meine frühen Werke lesen wirst, hab bitte inhaltlich und grammatikalisch ein bisschen Nachsicht, ich war kein Klein-Kafka.
Wie gesagt, ich war in der Grundschule bzw. gerade aufs Gymnasium (am Schloss Saarbrücken) gekommen und habe meine Kindheit viel in meiner gut gehenden Schlammfabrik im Garten verbracht.
Okay, wenn ich jetzt so darüber nachdenke, vielleicht war ich dann doch mehr Klein-Tom aus dem Stück „Die Glasmenagerie" von Tennessee Williams.

Was für mich allerdings zählt, ist, dass ich mit so jungen

Jahren mit dem Schreiben angefangen habe.

Ich habe mich einfach getraut, das zu schreiben, was ich schreiben wollte. Es war für mich vollkommen egal, was andere darüber dachten.

Ich hatte Spaß daran, meine Fantasie in Geschichten lebendig werden zu lassen.

Zum Glück ist das bis heute so geblieben.

Ich kann mich noch gut an ein Gespräch mit meinem Papa erinnern.

Ich hatte die schöne Idee, dass nicht nur Erwachsene für Kinder schreiben sollten, sondern Kinder selbst.

Ich meine, wer könnte sie denn besser verstehen als jemand, der genauso alt ist und ihre Sprache spricht oder in diesem Fall schreibt. Vielleicht sollte man die Reihe „Kinder für Kinder" doch noch einem Verlag vorstellen.

(Na, wie wär's, lieber Verlag dieses Buches?!)

Und wenn ich mir anschaue, was das Thema vom kleinen Drachen Tititu ist, bin ich rückblickend sehr stolz auf den kleinen Drachen Benjamin, der kein Feuerwehrmann, aber Autor werden wollte.

Hach.

Die dicke Katze von Herrn Josini

Es war einmal in einem Haus.

Dort lebten Herr Josini und seine Katze. Herr Josini war sehr reich. ~~Weil er eine Katzenfutter~~ Er war der Direktor einer Katzenfutterfabrik.

Seiner Katze konnte er so viel Katzenfutter geben, wie sie fressen konnte, darum wurde die Katze sehr dick.

Eines Tages, als die Katze 11,8 kg schwer war, reichte es der Katze und sie entschloss sich, abzunehmen.

Das war für sie sehr schwer, denn sie hatte noch nie ~~vorher Sport~~ sich sportlich betätigt.

Sie versuchte es mit Laufen.

Sie lief drei Mal ums Haus und bei der vierten Runde stolperte sie. ~~Sie~~ und flog mit ihrer Nase auf den Boden.

Drei Tage später, als es der Nase wieder besser ging, ~~hüpfte sie mit ihrem Seil~~ machte sie Seilspringen. Sie schaffte es sieben Mal übers Seil zu springen. Beim achten Mal verhedderte sie sich mit ihrem Bein im Seil und das Bein war gebrochen.

Die Katze hatte bis jetzt dauernd Pech und erst 0,1 kg abgenommen.

Darum versuchte sie es mit einem Diätkatzenfutter. Aber dies half ihr auch nicht weiter.

Doch dann hatte sie eine gute Idee.

Nämlich jeden Morgen ein bisschen für die Bauchmuskulatur zu trainieren. Das brachte sie auf ein ideales Gewicht von 6,9 kg. Nun war sie glücklich.

Und die Moral von der Geschichte: Mache jeden Tag ein bisschen was und du kommst auch ans Ziel.

// Diese Kurzgeschichte habe ich geschrieben als ich in der Klasse 5b3 am Gymnasium am Schloss Saarbrücken war. So viel hat mir auf jeden Fall meine kleine Randnotiz verraten.

Rein optisch habe ich analysieren können, dass sie in drei Etappen entstanden sein muss (ich habe mich also an die Moral der Geschichte gehalten!).

Zumindest sprechen die verschiedenen Blautöne der Kugelschreiber-Schrift dafür.

Also ich kann aus heutiger Sicht sehr gut nachvollziehen, dass bei solch einer handschriftlich niedergeschriebenen romanähnlichen Geschichte schnell die Stifte und Ideen ausgehen können.

Meine Korrekturen habe ich auch mal drin gelassen.

Dann warst du quasi beim Lesen, bei der Entstehung der Geschichte dabei. Also im Kopf eines 11-jährigen Autors.

Schon ziemlich cool, oder?

Ich bin übrigens Fan von meinen sehr genauen Kilogrammangaben.

Ist vielleicht etwas Off-Topic:

Wäre mein Vater Direktor einer Keksfabrik, würde es mir wohl genauso wie der Katze gehen. Ist er aber leider nicht. Doch so habe ich mein Idealgewicht von 70,6 kg... vorerst.

Außer ich fange noch bei Ben's Cookies in London an zu arbeiten und esse nach der Schicht die übriggebliebenen Kekse (und es sind nicht nur wegen des Namens die besten Cookies der Welt).

Die fünf magischen Amulette

„Alle bereit?!", schrie Kalvin in Richtung seiner Armee, „Es kann jeden Moment so weit sein, also Vorsicht! Und keiner greift vorher an, erst wenn ich das Kommando gegeben habe. Verstanden?"

„Ja, Sir!", antwortete eine große Armee.

Es waren in etwa 600 Männer, die sich alle mit Schwertern, Speeren, Bögen und sonstigen Waffen am Rande des Waldes bereithielten. Jeder Kämpfer dieser Armee war sehr erprobt und hatte schon in vielen Schlachten mitgekämpft, doch diesmal sollte es schwerer und härter als jemals zuvor werden.

Der Kommandant Kalvin beobachtete ganz genau die freien Felder vor ihnen.

Nichts Auffälliges war zu erblicken, alles schien ganz normal.

„Jeden Moment kann es passieren.", dachte Kalvin, „Jeden Moment könnten *sie* aufkreuzen."

Doch auch nach einigen Minuten geschah gar nichts auf den großen Feldern.

Kalvin und seine Armee wurden immer nervöser, da sie selbst nicht genau wussten, was auf sie zukommen würde. Er wusste nur eins, wenn *sie* kommen, dann wird es ein Kampf um Leben und Tod.

Plötzlich hörte er ein lautes Geräusch.

Doch er wusste nicht, was oder wer dieses Geräusch verursacht hatte.

Geschweige denn, aus welcher Richtung es kam.

Es schien näher zu kommen und wurde immer lauter. Dieses seltsame Geräusch hörte sich nach schweren Schritten an, doch irgendwas war trotzdem eigenartig an ihnen. Es konnten keine Menschenschritte sein.

Auf einmal endete das Geräusch.
Stille machte sich breit. Nur vereinzelt hörte man noch leises Vogelgezwitscher.
„Was war das?"
„Woher kam es?"
All solche Fragen machten sich in der Armee breit. Angst schien ihnen direkt ins Gesicht geschrieben. Auch der Kommandant Kalvin bekam einige Zweifel, ob sie ihren Auftrag erledigen könnten. Doch jetzt gab es kein Zurück mehr. Sie waren nun da und würden auch kämpfen, egal was passieren möge.
Kalvin drehte sich kurz um.
Die ganze Armee stand kampfbereit da.
In allen Gesichtern sah er den Entschluss zum Kampf.
Doch er sah auch die Angst.
Er schnaufte noch einmal tief durch und wendete seinen Blick wieder zu den Feldern.
In diesem Moment passierte es.
Dieses seltsame Geräusch erklang wieder und von Weitem konnte man *sie* schon sehen.
„Sie kommen! Sie kommen!", brüllte Kalvin mit einer gewissen Furcht in seiner Stimme.
Auch die Armee war geschockt und sie blickten wie Kalvin in Richtung ihrer Gegner.
Ihr Atem stockte, als sie die gegnerische Armee genauer sahen. Es waren ungefähr 700, doch es waren

keine Menschen.

Diese Wesen waren so groß wie ein erwachsener Mann, jedoch waren sie mindestens doppelt so breit. Sie trugen seltsame Rüstungen, die aus kleinen braunen Steinen bestanden. Auch hatten sie keine Waffen wie Speere oder Schwerter, sondern als Waffe dienten ihre Hände, an denen große, scharfe Krallen zu erblicken waren.

Ihre Gesichter waren übersät mit unzähligen Narben und ein tiefst böser Hass strahlte aus ihren blutroten Augen.

Eines dieser Wesen war größer als die anderen und hatte noch eine geheimnisvollere und viel bösere Ausstrahlung. Dieser schien der Anführer zu sein.

Sie bewegten sich mit schnellen Schritten.

Nur noch wenige Meter befanden sich zwischen ihnen und der Armee von Kalvin.

Eine kühle Brise wehte über die Felder.

Der Abstand wurde immer kleiner.

50 Meter.

30 Meter.

„Gleich ist es also soweit. Wir müssen gegen Werlfs kämpfen. Gegen sie haben wir eine reale Chance, wenn uns der Mut nicht verlässt. Ich glaube an uns, wir werden es schaffen!", ermutigte Kalvin seine Männer.

25 Meter.

Einige von ihnen wurden unruhig und warteten auf den Befehl ihres Kommandanten.

20 Meter.

„Alle Mann los! Wir schaffen das! ZUM ANGRIFF!"

Und die ganze Armee stürmte los und sie hatten, wie

durch Zauberhand, ihre Angst verloren.

Die ersten Schwerter und Speere krachten mit lauten Schreien auf die Rüstungen der Werlfs.
Einige Krieger von Kalvin hielten sich im Hintergrund auf und schossen mit ihren Bögen auf die Werlfs. Dabei zielten sie auf die Gesichter, da die Pfeile nicht durch ihre Rüstungen durchkamen.
Die Schwerter richteten mit den ersten Schlägen keinen großen Schaden an, doch auch die Krallen der Werlfs kamen nicht gleich durch die Rüstungen der Ritter.
„Jetzt hab ich dich!"
Mit diesem Satz durchbrach Kalvin endlich die erste Rüstung eines Werlfs und stach mit seinem Schwert in dessen Brust.
Dieser brach mit lautem Gebrüll zusammen.
Währenddessen schafften es auch weitere Männer, die Werlfs zu erledigen. Doch auch sie blieben nicht länger von den Werlfs verschont.
Manche griffen die Ritter mit Gruppen aus zwei bis vier Kreaturen an, wiederum andere versuchten es aus dem Hinterhalt und wieder andere kamen mit lauten Schreien auf ihre Gegner zugerannt.
Nicht jeder Ritter war auf solche Angriffe vorbereitet und hatte dadurch sein Leben schon verloren.
Die Werlfs verständigten sich mit einer merkwürdig klingenden Sprache.
Es klang so, als ob sie ganz tief brummen würden, aber auch ganz hohe quietschende Töne kamen aus ihren Mäulern.

Der Anführer der Werlfs hatte eine viel lautere und höhere Stimme als seine Anhänger und deswegen konnte man sie deutlich aus dem ganzen Gebrumme und Gequietsche heraushören.

Allerdings hielt er sich weitläufig vom Kampf fern und gab mehr die Kommandos zu seinen Kämpfern.

Im Gegensatz dazu hielt sich Kalvin ganz und gar nicht im Hintergrund auf, sondern kämpfte mit all seiner Kraft gegen seine Feinde.

Dank seinem Kampfeinsatz hatte er bisher eine ganz gute Bilanz.

Ungefähr zwanzig Werlfs konnte er bereits erledigen und hatte selbst nicht allzu schlimme Verletzungen abbekommen.

Nur an seinem linken Oberarm befand sich eine große und offene Wunde, die ihn etwas beeinträchtigte.

Für eine große Anzahl seiner Krieger sah es nicht allzu gut aus, viele von ihnen würden das Ende des Kampfes nicht erleben.

Auch die Armee der Werlfs war geschrumpft.

Gut die Hälfte war schon auf dem Schlachtfeld zu Boden gegangen.

Trotzdem schien der Kampf kein Ende zu nehmen.

Kalvin schrie mit seiner lautesten Stimme seiner Armee zu: „Wir müssen jetzt alle zusammenhalten! Keiner kämpft mehr allein gegen die Werlfs, sonst können wir schon gleich alle unser Grab schaufeln. Also lasst ihnen zeigen, was eine Armee ist!"

Darauf konnte man von den ungefähr 300 Kriegern ein zustimmendes und kampfbereites „Ja, Sir!" hören.

Mit mutmachender Stimme rief Kalvin seiner Armee

den genauen Plan, wie der Kampf weitergehen sollte, zu.

„Also, da die Werlfs jetzt noch etwa 350 Mann haben, ist die Differenz nicht mehr so groß wie zu Beginn des Kampfes. Und mein Plan ist, dass wir jetzt in den Wald zurückgehen. Werlfs sind nur auf offenem Gelände gute Kämpfer und im Wald sind sie viel schlechter. Da sie, wenn sie euch angreifen, erst einmal Schwung mit den Armen nehmen müssen, um euch ernsthaft zu verletzen. Das brauchen wir nicht! Also Abmarsch! Bleibt eine geschlossene Einheit!"

Mit den letzten Hieben wehrten sie die Angriffe der Werlfs ab und rannten anschließend in den Wald.

Da die Werlfs die menschliche Sprache nicht verstanden, waren sie für einen kurzen Moment perplex, weil sie nicht wussten, was gerade passiert war.

Sie schauten sich ratlos an.

Doch dann gab ihr Anführer, der wohl nicht nur größer, sondern auch schlauer war, den Befehl ihnen zu folgen.

Das merkwürdige Geräusch erklang erneut und die Werlfs folgten Kalvin und seiner Armee mit schnellen Schritten in den Wald.

// *Ich glaube, wenn du dir den Anfang durchliest, könntest du annehmen, dass es in erster Linie um epische Schlachten, Zusammenhalt, böse Kreaturen mit merkwürdigen Namen und den Kommandanten Kalvin (nicht Kevin) geht.*
Auch, ja.

Doch eigentlich steht ein junges Mädchen aus Schottland im Fokus, das in einer alten Bibliothek ein Amulett findet und dieses als Kette trägt.

Ihre Träume werden durch das Amulett immer länger und intensiver, bis sie „von ihren Träumen verschluckt" wird, in ein Koma fällt und in einer geheimnisvollen Traumwelt aufwacht.

Tja, und nur mit Hilfe von Zauberern, Amuletten und dem Mondscheinturm kann es ihr gelingen, wieder aufzuwachen.

Doch... wird es ihr gelingen?

Und was ist eigentlich, wenn sie in dieser magischen Welt schläft? Bekommt sie dann auch mit, was in ihrer Welt um sie herum passiert?

Und kann Kalvin (nicht Calvin Klein) mit seiner Armee die Werlfs besiegen?

Fragen über Fragen.

Ob du jemals die Antworten bekommen wirst, da bin ich mal ganz ehrlich, keine Ahnung.

Aber stell dir aus Spaß die Werlfs vor deinem inneren Auge mal genau vor.

Sie sind in etwa so groß wie ein Mensch... aber doppelt so breit... Sie tragen braune Rüstungen und haben große Krallen... Und jetzt brummen sie noch und geben hohe, piepsende Geräusche von sich.

An was musst du denken? Was fällt dir als erstes ein?

Sprich es laut aus.

JETZT!

Sehr gut.

Also wenn ich das mache und mir diese Kreaturen vorstelle, kommt folgendes aus meinem Mund:
Fette Meerschweinchen.

Der kleine Drache Tititu

Es war einmal genau vor 212 Jahren, da lebte ein kleiner Drache namens Tititu. Er war erst 92 Jahre alt.
Er wollte Menschen kennenlernen.
Tititu wohnte in einer geheimen Höhle, darum wusste niemand, wo er lebte.
Er dachte sich: „Warum gehe ich nicht selbst zu den Menschen, wenn mich niemand besucht?"

Nach einigen Tagen war er bereit.
Er hatte einen kleinen gelben Beutel bei sich und sein Lieblingsdrachenpüppchen.
„Ich gehe jetzt mal los!", sagte sich Tititu.
Er ging über Felder, durch Wiesen und durch Wälder.
Da kam er zu einer kleinen Hütte.

Tititu fragte sich, wer da drin wohl wohnte.
Er klopfte an.
Klopf, klopf.
Die Tür ging auf und eine alte Frau stand da.
Sie sagte: „Wer bist denn du? Ich kenne dich nicht."
Tititu antwortete: „Ich bin Tititu, ein kleiner Drache, und mein Drachenpüppchen heißt Fliemus! Nun will ich auch deinen Namen wissen."
„Ich bin Alice, aber die Dorfbewohner nennen mich auch die Kräuterhexe. Das ist so, weil ich hier im Wald wohne, ganz allein. Komm doch rein und setz dich.", sagte die alte Frau Alice.

Tititu erzählte ihr, wie allein er war und wie gerne er die Menschen kennenlernen möchte.

Da sagte die alte Frau Alice: „Ich bin auch immer so allein. Willst du nicht bei mir bleiben?"

Tititu musste kurz überlegen.

„Ja, sehr gerne! Dann bin ich und du nicht mehr so allein."

So blieb er für immer bei der alten Frau Alice.

Tititu geht ins Dorf

Tititu wohnte immer noch bei der alten Frau Alice.

Er war schon drei Monate bei ihr und sie sind ganz dicke Freunde geworden.

„Alice, kann ich jetzt mal bitte auch ins Dorf gehen?", fragte Tititu. Sie antwortete: „Ich weiß nicht, ob die Leute im Dorf vor dir Angst haben."

Tititu dachte nach.

Die alte Frau Alice brachte ihm eine kleine Tasse mit warmen Apfelsaft.

„Ich hab's, ich verkleide mich als Mensch!", rief er.

„Wie willst du das machen?", fragte die alte Frau Alice.

Tititu nahm seine Tasse mit Apfelsaft und trank sie leer.

Er antwortete: „Das ist doch ganz einfach! Ich ziehe einen großen Mantel an."

Die alte Frau Alice hatte zum Glück noch einen alten und großen Mantel im Schrank.

Es war schon sieben Uhr abends und darum konnte

er jetzt nicht mehr ins Dorf.

„Ich gehe jetzt ins Bett.", sagte die alte Frau Alice.

„Ich auch.", gähnte Tititu.

Sie waren nun im Bett.

„Zzzzzz rooochiiii, roochiii."

„Hör auf zu schnarchen, Tititu!", schrie die alte Frau Alice und es wurde still.

Es war Morgen.

Tititu und die alte Frau Alice standen auf. Jeder zog sich an und aß schnell etwas, weil die alte Frau Alice noch Kräuter sammeln musste und Tititu wollte ja ins Dorf.

„Ich gehe nun ins Dorf, tschüss Alice!", sagte Tititu glücklich und sie rief: „Ich gehe Kräuter sammeln."

Aber Tititu war schon mit dem Mantel unterwegs.

Er sang vor sich hin: „Ich gehe jetzt ins Dorf. La la la la la la la jaaaaaa!"

Nach einer halben Stunde kam er ins Dorf. Tititu war schon etwas müde vom vielen Laufen.

„Ich ziehe jetzt den Mantel an.", flüsterte er sich zu.

Tititu stand vor dem Marktplatz.

Er schaute sich um und der kleine Drache ging zu einem Stand, an dem es Äpfel gab.

„Entschuldigung, ich nehme mir drei Äpfel.", sagte er zu der Frau hinterm Stand.

Die Frau sagte: „Das kostet was! Genau drei Mark."

Tititu hatte aber kein Geld.

Er dachte sich: „Wieso soll das was kosten?"

Er legte die Äpfel wieder hin und ging weiter.

Tititu fragte einen älteren Mann: „Gibt es vielleicht einen Stand, an dem die Waren nichts kosten?"

Der Mann antwortete: „Nein, der Markt ist doch kein Geburtstag!"

Dieser guckte den verkleideten Drachen mit großen Augen an und ging weg.

Tititu war enttäuscht von den Menschen im Dorf.

Er ging ganz schnell aus dem Dorf und nach Hause zu der alten Frau Alice.

// *Diese Kurzgeschichte wird mir für alle Zeiten in Erinnerung bleiben, da sie meine allererste ist.*
Geschrieben im Jahr 1998.

Nicht nur, dass ich sie in allerschönster Schreibschrift zu Papier gebracht habe, ich habe mich sogar mit Bleistift an die Covergestaltung und an eine kleine Zeichnung getraut.
Dabei muss gesagt werden, dass ich nie wirklich gut im Malen und Zeichnen war... und immer noch bin.

Ich weiß auch gar nicht, wie vielen Leuten ich schon vom kleinen Drachen Tititu erzählt habe. Er dürfte zumindest in meinem näheren Umfeld bekannter als Tabaluga sein.

Und ein Satz ist bei mir besonders hängen geblieben:
„Er wollte Menschen kennenlernen."

Für mich steckt da etwas ganz Pures und Offenherziges drin, wie man es von Kindern kennt.

Dieser kleine Drache, der offensichtlich kein Mensch ist und noch nie einem Menschen begegnete, macht sich keinerlei Gedanken darüber, wie er von den Menschen angesehen wird. Was sie über ihn denken, weil er vielleicht anders ist. Nein, er möchte sie einfach mit einem offenen Herzen kennenlernen.

Für ihn existieren Vorurteile nicht.
Für ihn gibt es kein Anders.
Für ihn zählt nicht das Äußere.
Für ihn zählt, wer die Person ist und was sie ausmacht.

Und ich glaube, dass dieser noch sehr junge Drache, mit seinen 92 Jahren, ein grandioses Beispiel für uns in der heutigen Zeit sein kann.

Poesie der Jugend

Laute Worte

Nach meiner Kindheit in Form von Kurzgeschichten, kommen wir nun zu einem weiteren Kapitel in meinem Leben: Meine Coming-of-Age-Jahre.
Zwar kannst du dir nun hier keinen Film über diese Zeit anschauen, aber Gedichte lesen, die ich genau in diesem Übergang vom Jugend- zum Erwachsenenalter geschrieben habe.

Übrigens habe ich inzwischen mal den Film „Freche Biester!" aus dem Jahr 2002 gegoogelt.
Es ist eine US-amerikanisch-britisch-deutsche Filmkomödie, die überwiegend in einer High-School spielt (Danke Wikipedia!) und es geht um eine französische Austauschschülerin, Cheerleader, sehr schlechte Noten, Freunde ausspannen, Zickenkriege, die üblichen Dinge eben, die so in der Schulzeit passieren.
Und ich bin ja der Meinung, dass der englische Titel den deutschen Titel im Poker definitiv übertrumpft: „Slap her... She's French!"
Pas de commentaire.

Auf jeden Fall handeln meine Texte von ganz anderen Themen.

Irgendwann war Schreiben nicht nur etwas, was mir Spaß machte oder etwas, in dem ich meine Fantasie ausdrücken konnte, sondern es wurde zu einem Ventil, um etwas ganz Persönliches Raum geben zu

können, rauslassen zu können. All meine Gedanken, meine Verwirrungen, meine Gefühle.
Ich konnte in einer geschützten Form etwas von mir preisgeben, ohne es direkt aussprechen zu müssen.

Ich weiß, dass ich jemand bin, der eher still ist und vielleicht deshalb als schüchtern angesehen wird (da erinnere ich mich gerade an einen Zeitungsbericht über mich, mit der tollen Überschrift „Schüchtern - aber trotzdem Schauspieler!" Ähm, ja, soll es geben. Schlimm?).
Ich weiß, dass ich viele Dinge für mich behalte und sie lieber mit mir selbst ausmache.

Ja, ich gebe es zu: Ich war einfach nicht laut, ich war eher leise. Das hat sich auch bis heute nicht geändert und es ist okay!

Mit dem Schreiben habe ich einen Weg für mich gefunden, Dinge zu verarbeiten.
Deswegen ist es so wichtig geworden, denn es gab viele Phasen in meiner Jugend, in denen ich vieles einfach nicht verstanden oder mich „anders" gefühlt habe.

Da ich eher still und ruhig war und nicht gerne Leute etwas gefragt habe, habe ich versucht selbst Möglichkeiten zu finden, mir zu helfen.
(Auch in der Schule habe ich mich nicht oft gemeldet. Nicht, weil ich die Antwort nicht wusste, sondern weil ich oft keinen Sinn gesehen habe, warum ich dem

Lehrer beweisen soll, dass ich es weiß. Ich wusste, dass ich es wusste. Das war doch das Wichtigste, oder etwa nicht? Und ja, ich weiß, dass niemand meine Gedanken lesen kann. Hoffe ich zumindest.)

Der Benutzername, den ich mir zu dieser Zeit gerne online gegeben habe, „lockeddepth" (verschlossene Tiefe), spricht für sich. Vielleicht habe ich mich (zu sehr) verschlossen, aber da war eben auch eine Tiefe und das Bedürfnis, sie zu offenbaren.

Mit den geschriebenen Worten habe ich eine sehr gute Möglichkeit gefunden, da *laut* sein zu können und diesen dunklen Marianengraben zu erhellen.
Noch wichtiger: Ich habe es mir erlaubt!
Und ich denke, das war ganz, ganz wichtig für mich.

Einige Gedichte behandeln Themen, über die ich nie mit jemanden gesprochen habe. Aber so konnte ich sie für mich besser verarbeiten und es hat mich davor bewahrt, sie (zu sehr) zu zerdenken, was ich ab und zu immer noch gerne mache.

Ich habe so lange nachgedacht und nachgedacht und nachgedacht und nachgedacht und nachgedacht und nachgedacht und nachgedacht und nachgedacht, bis ein richtiger Knoten in meinem Kopf war.
Wie vielleicht bei dir nach diesem Satz auch.
Es war ein richtiges Chaos und ich konnte mit diesem Chaos nicht mehr umgehen.

Dieses Chaos auf Papier bringen zu können, zu ent-knoten, das war großartig, denn oft konnte ich erst, nachdem ich das Gedicht geschrieben habe, abends einschlafen.

Es hat mich beruhigt, mir Kraft gegeben und ich konnte zu schwer gewordenen gedanklichen Ballast abwerfen.

Und wir wissen ja alle, mit leichtem Gepäck reist es sich besser.

Viele dieser Gedichte handeln von melancholischen Themen oder auch von der Endlichkeit. Ach, nennen wir das Kind doch beim Namen: Den Tod.

Irgendwie nicht mit diesem Leben klar zu kommen, aber es auf der anderen Seite mindestens genauso zu lieben und neugierig zu sein, was alles noch passieren wird, das war irgendwie so ein merkwürdiges Gleich-gewicht oder Ungleichgewicht, weil es so konträr ist.

Aber viele Dinge, die paradox und konträr scheinen, gehören irgendwie zusammen (genauso wie meiner Meinung nach Erdnussbutter und Marmelade auf einem Toastbrot. Mhmm, lecker!).

Solche Gedanken als Teenager zu haben, ist natürlich nicht leicht und sehr verwirrend. Oft habe ich mich dadurch einsam und unverstanden gefühlt, weil ich dachte, dass mich niemand versteht.

Dass es niemanden auf der ganzen Welt gibt, der solche Gedanken hat oder so fühlt wie ich.

Der solche Dinge durchmacht, die ich durchmache.

Innere Stimmen wurden laut:

„Mich versteht ja hier sowieso niemand! Das bringt doch nichts darüber mit jemanden zu sprechen! Mir kann doch eh keiner helfen!"

Das ist natürlich totaler Schwachsinn! - Ja, ist es.
Heute weiß ich, dass es nicht so ist.
Es gibt da draußen sehr viele Menschen, die dich verstehen und nur zu gut nachempfinden können, was du gerade durchmachst.
Und ich weiß wie wichtig es ist, zu teilen, was in deinem zerdenkenden Knotenkopf wirklich vor sich geht. Vor allem mit Personen, die dir nahestehen und dich lieben.

Das kostet Überwindung, und zwar nicht nur beim ersten Mal, sondern immer und immer wieder. Sorry to say! Doch es befreit und wird leichter.

Herauszufinden, was sein ganz persönliches Ventil ist, um schwere Gedanken und Gefühle loswerden zu können, ist ein Geschenk.
Sei es Singen, Tanzen, Wandern, Stricken, Mandalas malen oder ganz was anderes.

Bei mir ist es eben das Schreiben (und süße Waschbären füttern) und in meiner unglaublich frechen Buben-Zeit (international bekannt als „Slap him... He's German"), die nachfolgenden Gedichte.

// Das ist mein allererstes Gedicht.

Ich hatte den Entschluss gefasst, über Gegenstände zu schreiben. Zu dem Zeitpunkt war mir jedoch noch nicht bewusst, warum. Erst im Nachhinein habe ich bemerkt, wie viel sie eigentlich mit mir zu tun hatten.

Wie viel ich von mir in diese Gegenstände gesteckt habe. Sie tragen quasi genauso viel Leben in sich, wie kleine Tassen mit Sprung oder geschminkte Staubwedel, die im verwunschenen Schloss aus „Die Schöne und das Biest" zu Hause sind.

Der Spiegel

Der Spiegel ist ein seltsam' Ding,
In ihm steckt viel Wahres drin,
Dennoch in verkehrter Weise,
Diese verfälscht er still und leise.

Der Spiegel zeigt jedem wer er ist,
Ob glücklich, traurig oder nicht,
Wer versucht ihn zu betrügen,
Muss sich leider selbst belügen.

Der Spiegel hat auch keine Meinung,
Er ist wie eine täglich Zeitung,
Immer auf dem neusten Stand,
Jedoch hängt er nur an einer Wand.

Der Spiegel ist ein Freund und Feind,
Es ist nicht immer richtig was er meint,
Er kann dir helfen oder schaden,
Die ganze Wahrheit kann er nicht verraten.

Es ist nicht falsch ihm zu vertrauen,
Jedoch solltest du nicht zu sehr auf ihn bauen.
Nützlich ist er alle Mal,
Oft ist er als Helfer erste Wahl.

Seelenleben

Ein leeres Blatt und ein Stift
Helfen der Seele,
Dass sie nach außen trifft.
Dort ist sie vor Blicken nicht geschützt,
Was auch manchmal
Nur den falschen Freunden nützt.

Ist das Blatt nun vollgeschrieben,
Der Stift beiseite,
Merkt man, man hat nichts vermieden.
Alles was man denkt und fühlt
Liegt nun da,
Es scheint, das Innerste war völlig aufgewühlt.

Landet dieses Blatt nun im Korb,
Dem nächsten,
Ist es für die Seele praktisch Mord.
Man bietet ihr die Chance an,
Und zwar sofort,
Mit einem ganz neuen Leben anzufangen.

Die Kerze

In voller Pracht steht sie nun da,
Doch noch weiß sie nicht,
Dass nichts mehr so sein wird,
Wie es einst mal war.

Da springt der erste Funke über,
Berührt sie sanft am Docht.
Entflammt wird ihre Kraft,
Noch weiß sie nichts darüber.

Im hellen Lichte erstrahlt sie nun,
Empfindet einfach Freude.
Sie ist noch voller Lebensenergie
Und hat den Wunsch so viel zu tun.

Zu später Stunde fängt es an.
Das Feuer wird schwächer
Und ihr Atem auch.
Ja, ihr Leben hält nicht mehr lang.

Dann ist sie völlig verbrannt.
Zu schwarzem Rauch.

Doch sie hatte ihre Zeit,
Um zu erfahren, was sie fand.

Verstaubt

Auf dem Regal in der Ecke
Steht es einsam ohne Zwecke.

Völlig verstaubt und unberührt,
Weiß nicht wohin das Leben es noch führt.

Nur noch Spinnen lieben es.
Bauen drumherum ihr Netz.

Tote Fliegen hängen an ihm dran.

Es fragt sich nur noch: „Wann,
Wann fängt das Leben richtig an?"

// Wie sagt man doch so schön: „Wer selbst im Glashaus sitzt, sollte nicht mit Steinen werfen."

Es gab manchmal Situationen, da wäre es wohl angebracht gewesen, den Mut zu finden, meine gläsernen Mauern selbst zu zerbrechen.

Das hätte mir auf jeden Fall einiges erleichtert.

Glashaus

Eingesperrt in einem Glashaus,
Schau ich aus dem Fenster raus.
Kann die Menschen lachen sehen,
Kann die Menschen weinen sehen.
Doch in meinem Leben bleibt alles stehen.

Wie gern würde ich ein Teil davon sein,
Doch ich komm nicht raus und keiner rein.
Einsam verbringe ich die Zeit,
Gemeinsam verbringen sie die Zeit.
„Lasst mich frei, ich bin bereit!"

Da seh ich die ersten Steine werfen
Und Freude kommt auf in meinem Herzen.
Doch die gläsernen Mauern zerbrechen nicht,
Denn ihre Hilfe reicht mir leider nicht.
Und somit bleibt dies meine Sicht.

Bedeckte Welt

Kreisende Gedanken
Über dunkle Wolken.

Kann die Welt nicht sehen
Und das Herz nicht hören.

Doch ich weiß, dass du da stehst
Und wartest.

Wartend auf den Moment,
In dem die Wolken aufbrechen
Und offenbaren,

Was du schon lange ersehntest.

Getrieben Und Vergessen

Getragen von den Schwingen des Kampfes,
Ziehen Kämpfer über das Land.
Seite an Seite, Schritt für Schritt, ganz sanft,
Greifen sie deine kleine Hand.

Gezogen von starker Macht und Glanze
Wirst du aus deinem Haus gerissen.
Gestoßen von dem spitzen Herze der Lanze.
„Ha, dein Leben wirst du bald vermissen."

Im Schutz von Dornenbüschen überstehst du die Nacht,
Getrieben und entwürdigt durchstreifst du den Tag.
Kein einziger Verbündeter hält für dich Wacht.
Jeder wird vergessen, wie du da lagst.

Getragen von blutigen Schwingen des Kampfes,
Ziehen graue Kämpfer über das Land.
Seite an Seite, Schritt für Schritt, nicht ganz sanft,
Lassen sie fallen, deine kalte Hand.

// Dieses Gedicht habe ich zur selben Zeit ge-
schrieben, als ich im Kunstunterricht mei-
nen Gefühlen in Form eines Gemäldes Ausdruck
verleihen sollte.
Tja, gemalt habe ich einen Clown, der sich er-
hängt und so viele Blutttränen geweint hat, dass
unter ihm schon ein ganzer Ozean entstand.
Oh, er hatte aber einen lachenden Smiley auf der
Brust, so schlecht ging es ihm (scheinbar) also
nicht.
Mich wundert es ja heute noch, dass kein Schul-
psychologe kontaktiert wurde und ich dann auch
noch mit einer schlechten Note belohnt wurde.
Naja, es war wohl damals schon klar, dass ich
niemals ein zweiter Picasso werden würde.

Die Uhr

Tick.Tack.Tick.

Hörst du mich schlagen
Sekunde für Sekunde?

Tack.Tick.Tack.
Doch du hörst mich nicht sagen
Wie sie schmerzt, meine Wunde.

Tick.Tack.Tick.
Hörst du nicht den Schrei
Stunde für Stunde?

Tack.Tick.Tack.
Lass es nur wie es sei
Zeig ruhig auf meine Wunde.

Tick.Tack.Tick.
Fühlst du nicht meinen Tod
Tag für Tag?

Tick.Tack.
Weiße Zeiger werden rot
Da kommt der letzte Schlag.

Tick.

Theater

Gesichter ohne Masken gibt es nicht,
Jeder versteckt sich hinter sich.
Was wäre, wenn es anders wäre?
Bei manchen bliebe nur noch Leere.

Wenn Gedanken wirklich würden,
Wozu könnte das dann führen?
Würden die Menschen glücklich sein?
Oder wäre dann nur alles Schein?

Die Straßenlaterne

Tagsüber ist sie praktisch unsichtbar,
Die Leute strömen einfach so vorbei.
Keiner von ihnen nimmt sie wahr,
Sei es auch nachmittags um Drei.

Das sind ihre härtesten Stunden.
Am Himmel steht die Sonne,
Brennt in sie die tiefsten Wunden,
Die ach so strahlende Sonne.

Erschöpft beginnt sie in der Nacht
Ihre tiefen Narben zu verheilen,
Während ihrer langen Wacht,
Um ihre Gabe mit andren zu teilen.

Kaum hat sie die Straßen erhellt,
Merkt sie aus der Ferne, erste Strahlen.
Siehe da, die Welt hat sich gedreht
Und von Neuem beginnen ihre Qualen.

Nach Jahren ist sie völlig alt,
Übersäht mit Narben und Wunden.
Trotzdem fand sie immer Halt:
„Ich hatte meine eignen Stunden."

// Bisher bin ich in meinem ganzen Leben von einer in die nächste Schublade gefallen.

Ob in der Schulzeit („Sagen deine Mitschüler auch zu dir, dass du der Dicke in der Klasse bist?"), nach dem Schulabschluss („Echt? Du machst etwas Kreatives?! Das hätte ich ja wirklich nie von dir gedacht, du warst immer so der Streber.") oder Jahre später („Du bist doch Deutscher, dann isst du am liebsten Sauerkraut, oder?").

Das hört wohl auch nie auf, mit diesen Schubladen. Aber ich weiß mittlerweile, wie ich weicher fallen und mich mit anderen dicken, sauerkrautessenden Strebern anfreunden kann.

Schubladen

Begraben unter vielen Sachen,
Liegen wir hier verstaut,
Keiner von uns kann mehr lachen,
Niemand gibt mehr einen Laut.

Gefangen gegen unsren Willen,
Im Dunklen verlassen,
Kein Licht kommt durch die Rillen,
Als wären wir zerbrochne Tassen.

Versucht nur einer es zu wagen,
Mit ganzer Kraft sich zu befrein,
Hört man gleich jeden sagen:
„Keiner kann nur sich selber sein."

Doch schafft man es, sie zu öffnen,
Nach Jahren und Jahren und Jahren,
Fällt man in die nächsten,
Die geliebten Schubladen.

Kleiner Traum

An einem großen Baum,
Hängt am Zweige ein kleiner Traum.
Dieser wird reif und rund
Und fällt dann auf den Grund.

Dort schlägt er Wurzeln und Triebe,
Gedüngt von grenzenloser Liebe.
Doch schnell verkümmert er,
Fehlt ihm Hoffnung doch so sehr.

*// Das Gedicht ist
bewusst so kurz.
Ich wollte einen
Vierzeiler schreiben.*

Komm Schon

Da kommt der schwarze Mann.
Ich frage ihn nur: „Wann?"
„Morgen kommst du dran."
„Okay, schlaf ich mal, bis dann."

Stumme Türen

Jedes Mal, wenn ich dich sehe
Ist es, als ob ich mich nicht mehr verstehe.

Ich werde ruhig und werde stumm
Meine gute Laune schlägt plötzlich um.

Verlegen für alles was ich tue
Geht mein inneres Ich auf die Suche.

Findet keinen Ausweg, die Türen schlagen zu
Und vor jeder Tür stehst du.

// *Manchmal habe ich nur die Schatten meiner inneren Dämonen gesehen und gar nicht bemerkt, dass sie in Wahrheit gar nicht so groß waren und ich mich ihnen stellen konnte.*

Manchmal waren sie aber schon ausgewachsen und hatten viel Kraft. Viel Kraft über mich. Doch nur so lange, wie ich ihnen Futter gab. Manche von ihnen werden wohl auch nie verhungern. Aber so schwach, dass ich sie in einen Käfig locken kann.

Ein paar meiner Zwänge sind mittlerweile so handzahm geworden, dass ich sie an einer Leine mit mir rumführen kann.

Um nur zwei meiner neuen Freunde vorzustellen: Ich zähle meine Schlücke, während ich trinke, und ich sperre gerne eine Tür mehrfach auf und zu, nur um sicher zu gehen, dass sie wirklich zu ist.

Zwang

Gegen meinen Willen
Passiert es jeden Tag.
Ich muss ihn immer stillen,
Damit er nichts mehr sagt.

Wie dein Schatten ist er da,
Schlummert leise in dir.
Du fühlst ihn ganz nah
- Und er bricht aus wie ein Tier.

Er fängt an dich zu schlagen
Und hört nicht auf dich zu quälen.
Du würdest dich nie wagen,
Jemandem von ihm zu erzählen.

Die Schmerzen werden zu stark.
Du gibst kraftlos auf.
Der Sieger ist er jeden Tag
- Sei bereit und lauf.

Die Schere

Die Schere trennt was einst vereint,
Hörst du wie es leise weint?
Ihr ganzes Leben stets zusammen,
Hörst du wie sie leise bangen?

Die Schere schaut auf ihr Werk herab.
Sagt sich – hab ich gut gemacht.
Nie mehr sein, Seite an Seite,
Sich betrachten von fernster Weite.

Die Schere verrichtet es jeden Tag,
Sodass sie nicht mehr zu hören vermag,
Was für Bitten, was für ein Flehen,
Ihr immer entgegen gehen.

Die Schere ist so kalt wie Stahl.
Sie lässt ihren Opfern nie 'ne Wahl.
Ist selber voller Hass und Neid,
Wird sie doch selber stets entzweit.

Wartestuhl

Auf dem Stuhle in der Mitte
Sitzt er wartend auf die Zeit
Seit ewig ist dies seine Sitte
Scheinbar für den Sprung bereit.

Doch mutlos hängt er da
Mit starrem, müdem Auge
Das die Welt noch nie sah.

Und am Fuße kriecht eine Raupe.

Seine Neugier ist sehr groß
Der Wille jedoch zu schwach
Seine Seele ist bemoost.

Immer noch wartend auf den Tag.

// Ooohje, war ich verliebt und ooohje, hatte ich Angst davor, irgendwas Falsches zu machen oder zu sagen. Dann lieber einfach nichts tun, oder? Und ooohje ooohje, ich weiß auch noch ganz genau, dass ich von dieser Person ein Kompliment für meine Schuhe bekommen habe. Für meine Schuhe! Und das war das einzige Kompliment, das ich jemals bekommen habe. Ich war im siebten Himmel.

Tun Wir Nichts

Wir schauen uns an
Doch sagen stets nichts.

Wir wären gern näher dran
Doch wagen uns nichts.

Wir drehen uns um
Doch vergessen nichts.

Wir laufen um uns rum
Doch fangen nichts.

Wir wollen alles.
Ich will dich
Du, willst du mich?
Doch tun, tun wir nichts.

Leugnend.

Versuchend sich zu verschließen,
Vor dem, was einen trifft.
Ausblendend von Gefühlen,
Sodass es einem nützt.
Bewahrend den heilen Schein,
Vor dir und all den anderen.
Belügend zu sich selbst.

Zustand.

Dieser Zustand ist der,
Der einen zerfrisst.

Innerlich.

// Dieser Stein ist etwas ganz Besonderes für mich. Und wird es immer sein.
Mein Glücks-, mein Trost-, mein Hoffnungs-, mein Sorgen-, mein Inspirations- und Noch-so-viel-mehr-Stein. Viel wertvoller als alle Diamanten auf dieser Welt zusammen.
Er ist mein Handschmeichler fürs Leben.
Und gut, dass wir uns gefunden haben.

Kalte Steine

Zwischen vielen gleichen Steinen,
Find ich nur den einen.
Er ist anders als die anderen,
Etwas ganz Besonderes.

Ich heb ihn auf und halte ihn
In meiner kalten Hand.
Von ihm geht Wärme aus.
Direkt aus seinem Herzen raus.

Dieses Gefühl geht in mich über,
Meine Blicke streifen über ihn drüber,
Ich sehe wie er lacht.
- Gut, dass du mich gefunden hast.

// *Solchen Menschen begegne ich leider immer wieder.*

Und es können die Menschen sein, von denen ich es am Anfang am wenigsten erwartet habe.

Umso wichtiger ist es, dass ich an der Wahrheit festhalte. An sie und an mich glaube und genau diese Menschen mit ihr konfrontiere.

Es kann dann passieren, dass ich dadurch diese Menschen verliere. Aber lieber das, als dass ich mich verliere.

Lasst sie einfach ziehen und wünscht ihnen noch ein schönes Leben.

Sie wissen es

Manche Menschen glauben,
Sie ständen über einem.

Manche Menschen behaupten,
Sie wüssten alles.

Manche Menschen denken,
Sie seien rechtens.

Ist es aber wirklich so,
Hinterfragen sie nicht.

Sie wissen es,
Ohne Zweifel.

Offenbaren wir ihnen das Gegenteil,
Verzweifeln sie an Zweifeln.

Leise Melodien

Jetzt denkst du vielleicht: „Okay, eben hat Benjamin so schön erklärt, dass er sich in seinen Gedichten getraut hat, laut zu sein. Gut... dann hat er vielleicht Songtexte geschrieben, um da seinen etwas ruhigeren und liebevollen Gefühlen Raum zu geben.

In Melodien gepackt, die von Coldplay, Snow Patrol, Whitney Houston oder aus dem Film „A Star Is Born" stammen könnten. Hach, sooo romantisch. Ja, das muss es sein!"

Innerlich strahlst du mich schon von ganzem Herzen an, weil du weißt, dass du richtig liegen musst.

Du stellst dir einen verliebten Teenagerjungen vor, der noch an die große Liebe glaubt und bei Kerzenlicht abends in seinem Bett (unterm Dach) liegt und an seine Traumhochzeit denkt.

Und ich kann dir aus vollem Herzen sagen:

Du liegst falsch.

Das Kapitel heißt deswegen „Leise Melodien", weil ich zwar die Texte geschrieben habe, aber keine Melodien. Sie sind also sehr leise. Wobei, Moment, es gibt für zwei Texte eine Melodie, zumindest für den Chorus, die ich immer noch im Ohr habe. Es sind also richtige Ohrwürmer, die vielleicht Hit-Potential hätten.

Wenn du Musik machst und eventuell noch singst, dann fühl dich eingeladen, meine Texte zu lauten Melodien zu machen.

Schick mir gerne dann den fertigen Song zu. Du weißt gar nicht, welche Freude du mir bereiten würdest!

Für einige Songtexte hatte ich auch schon bestimmte Künstler im Kopf. Ich war also Auftragsschreiber ohne Auftrag. Welche Künstler es waren, verrate ich dir dann bei dem jeweils entsprechenden Text.

Außer, dass es keine Gedichte im klassischen Sinne sind, gibt es noch einen kleinen, aber feinen Unterschied zu den Texten zuvor.

In den Songtexten habe ich zum Teil meine eigenen Gefühle und Erfahrungen verarbeitet, es gibt aber auch Texte, die nicht ganz so persönlich sind.
Da habe ich mir bestimmte Themen ausgesucht, über die ich einfach gerne etwas schreiben wollte. Natürlich tragen sie meine Handschrift und meine Gedanken in sich, aber betrachtet von einem „neutraleren" Ort.

Mhm, vielleicht besser gesagt, ich habe nicht nur aus meiner Perspektive geschrieben, sondern versucht mich auch in andere Menschen hineinzuversetzen, um zu schauen, wie sie zu diesem Thema stehen könnten. Richtig spannend!
Und dieses „Sich-in-andere-Hineinversetzen" wurde immer mehr Bestandteil meines kreativen Schreib-farbkastens.

Ja, und nicht wundern, viele dieser Songtexte sind in englischer Sprache.

Ich war eben damals schon ein internationaler Auftragsschreiber ohne Aufträge, der für Künstler aus der ganzen Welt geschrieben hat.

Auch für die Künstler, von denen ich lebensgroße Poster in meinem Kinderzimmer hängen hatte (da fällt mir gerade ein, ich hoffe du weißt mittlerweile, von wem der Song „Complicated" ist!).

Ich habe schon in der Schule angefangen, die Sprache zu lieben. Ja, das ist bis heute so geblieben!

Und ist es nicht etwas eigenartig, dass der Song „Because I got high" vom Sänger Afroman in unserem Englischbuch als Übersetzungs- und Hörverstehaufgabe drin war?! In der siebten Klasse? Hallo?!

Naja, okay, mit einer Sache lagst du vielleicht doch nicht ganz so falsch. Es war aber schon etwas früher.

Als Kind hatte ich meine erste große Liebe gefunden und lag oft an sie denkend im Bett.

Sie war und ist Sängerin, hatte früher eher sehr laute Melodien und wurde schon mit jungen Jahren, in den 90ern, berühmt. Ihre Texte handelten fast immer von Liebe und einmal auch von der Sesamstraße.

Ich war in sie richtig verliebt (so hieß auch ihr zweites Album) und habe mir immer ausgerechnet, wie alt ich sein muss, um sie heiraten zu können. Sie ist sieben Jahre älter und hat im April Geburtstag. Weißt du schon, von wem die Rede ist?

Also mit 18 wäre sie 25 Jahre alt und dann wäre ich auch endlich in einem heiratsfähigen Alter.

Wir könnten dann mit Schmetterlingen im Bauch unser Astronauten-Rendezvous haben und am Fenster Eisblumen bewundern.

Es gab allerdings nur ein Problem. Ihr Name.

Sie hatte irgendwie zwei davon und da war immer so ein „aka" oder „alias" dazwischen.

Ich hatte keine Ahnung was das bedeuten sollte.

Warum hatte sie überhaupt zwei Namen? Und dann wurde sie immer mit dem Namen angesprochen, der für mich ein großes Hindernis war.

In der Grundschule wurde ich damit schon oft genug geärgert und mit „Törööööös" und merkwürdigen Arm-Rüssel-Bewegungen begrüßt.

Ja, und deswegen wollte ich auf keinen Fall wie ein Zeichentrickelefant heißen: Benjamin Blümchen.

Das Ende

Ich habe schon länger bemerkt,
Dass du mich anders anschaust
Und mir auch nicht mehr vertraust.
Du vermeidest den Kontakt mit mir
Und bleibst nicht länger hier bei mir.

Du wendest dich ab und drehst dich um,
Dabei bleiben deine Worte stumm.
Deine Küsse sind schon lange kalt,
Zwischen uns ist keine Wahrheit.
Niemand traut sich darüber zu reden,
Wie es steht um unser Leben.

Das ist einer der traurigsten Tage in meinem Leben.
Ich muss zusehen, wie unsre Gefühle verwehen.
Sie werden nie mehr wiederkommen,
Das ist mir nun klar.
Alles wird sich ändern und nichts mehr so sein wie es war.
Das ist einer der traurigsten Tage in meinem Leben.

Du lässt mich nicht länger Teil von dir sein,
Vielmehr bleib ich in meiner Welt allein.
Ab und zu fragst du noch „Wie geht's?"
Doch kein weiteres Interesse besteht.

Manchmal frag ich mich wie es wäre,
Wenn es noch mehr Liebe zwischen uns gäbe.
Denkst du noch an alte Zeiten,

An den Spaß den wir uns bereiteten?
Meine Erinnerungen danach erblassen.
Dass es so weit kam,
kann ich immer noch nicht fassen.

Das ist einer der traurigsten Tage in meinem Leben.
Ich muss zusehen, wie unsre Gefühle verwehen.
Sie werden nie mehr wiederkommen,
Das ist mir nun klar.
Alles wird sich ändern und nichts mehr so sein wie es war.
Das ist einer der traurigsten Tage in meinem Leben.

Ich möchte wissen, was die Zukunft bringt.
Ich möchte, dass die Zeit verrinnt.
Ich möchte wissen, ob du noch an mich denkst.
Ich möchte, dass du meine Gefühle ertränkst.
Bitte lass mich diesen Tag vergessen...

Das ist einer der traurigsten Tage in meinem Leben.
Ich muss zusehen, wie unsre Gefühle verwehen.
Sie werden nie mehr wiederkommen,
Das ist mir nun klar.
Alles wird sich ändern und nichts mehr so sein wie es war.
Das ist einer der traurigsten Tage in meinem Leben.

Alles wird sich ändern...
Alles wird sich ändern...
Alles wird sich ändern...
Nichts mehr wird so sein wie es einmal war.

// *Liebe Silbermonde,*

diesen Song habe ich für euch geschrieben.
Inspiriert wurde ich von euren Liedern „Durch die
Nacht" und „Symphonie". Ich bin Fan erster Stunde.

Zum ersten Mal habe ich euch in Saarbrücken live
gesehen, als ihr die Vorgruppe von Jeanette Bieder-
mann wart (das ist schon seeehr lange her, es muss
2004 gewesen sein). Da habt ihr mir nach dem
Konzert noch eure erste Single „Mach's dir selbst!"
an einem Stehtisch signiert.

Schon Wahnsinn, was in der Zwischenzeit passiert
ist und ihr nun die größten Hallen Deutschlands
füllt. Verdient.

Ihr seid für mich eine Inspiration, was alles möglich
sein kann, wenn man an sich sowie an seine Träume
glaubt und Durchhaltevermögen hat.
Aber vor allem auch, dass man keine Angst haben
muss, seine Meinung zu äußern und für etwas ein-
zustehen, an das man glaubt.

Von Herzen ein großes Dankeschön,

euer Benjamin

(Ende meines kleinen Liebesbriefs an Silbermond)

Uncertainty

What should I do?
Should I tell you the truth?
I know where my heart belongs
But does yours belong to me?
I want to feel free...
Will my pain heal?
Do I have to forget you?
Ohh, I don't know what to do...

I don't know if you feel the same
As I feel for you;
I've got so many questions
Inside of my head
But I don't find the answers
I need

My despair becomes stronger each day
Should I pray?
Pray for the peace of my inner soul?
I can't stop thinking about you
Is that the only thing I can do?
I'm sitting here, I can't do anything at all
It feels like I am in the coldest hall
It won't be better
I am in the stormiest weather
Do I have to forget you?
Ohh, I don't know what to do...

I don't know if you feel the same
As I feel for you;
I've got so many questions
Inside of my head
But I don't find the answers
I need

This uncertainty
Is making me cry
Louder and louder.
This uncertainty
Is killing me
Faster and faster.

I don't know if you feel the same
As I feel for you;
I've got so many questions
Inside of my head
But I don't find the answers
I need

I don't know if you feel the same
As I feel for you;
I've got so many questions
Inside of my head
But I don't find the answers
I need

Don't Fear (I'm Here)

When you're alone
And nobody else is there
There's nobody to phone
When you're asking where
Where am I, who am I
What.. Why... When... Then...

I would like you to know
Don't fear, I'm here
I'm here to save you
I'm here to protect you
I'm here to defend you
Don't fear, I'm here

When the rain comes down
And there's nothing to keep you dry
Nobody cares about you
Your brown eyes are asking why:
"Why is everybody leaving me?"
Reasons... Answers... Nothing... Then...

I would like you to know
Don't fear, I'm here
I'm here to save you
I'm here to protect you
I'm here to defend you
Don't fear, I'm here

I Would

I thought my feelings were gone,
But now they are strong,
Stronger than before
And with every second I love you more.
I don't know how to tell you
Believe me, I miss you like hell
Can you give me a chance?

I would treat you like you want to be
I would do anything you want from me
I would give my life for yours

But just let me,
Let me show you, I will make it true

I can't deny it anymore,
You're the person I was looking for.
Totally charmed by your eyes
And you could tell me a thousand lies.
I would always stay on your side
'Cause I feel it's right
So, can you give me a chance?

I would treat you like you want to be
I would do anything you want from me
I would give my life for yours

But just let me,
Let me show you, I will make it true

You don't have to say a word
Just give me a sign
And everything will be fine

I would treat you like you want to be
I would do anything you want from me
I would give my life for yours

But just let me,
Let me show you, I will make it true

Entfremdung

Vor einer Weile hätte ich mir nicht vorstellen können,
Wie es gerade ist,
Unzertrennlich, du und ich.
Wie Bruder und Schwester,
Nur noch viel fester.
Zwischen uns lag keine dicke Wand,
Vielmehr ein starkes Band,
Was uns beide verband.

Doch jetzt seh ich dich
Mit einem fremden Gesicht.
Redest von fehlender Ehrlichkeit,
Von einer Entfremdung.
Jedoch machst du diese Wendung.

Nun weiß ich es,
Wie es ist,
Enttäuscht zu sein
Von einem besten Freund.
Es tut schon weh.
Doch es ist okay.
Das Leben geht weiter,
Ob wolkig, ob heiter.

Jetzt, seit Kurzem, muss ich leider erfahren,
Wie es nun ist,
Zerstritten, du und ich.
Nur noch viel schlimmer,
Vielleicht für immer.

Ich seh den Fehler nicht nur bei mir.
Die Zerstörung der Freundschaft begann bei dir
Und nun liegt sie zerbrochen hier.

Ja, nun seh ich dich,
Mit einem fremden Gesicht.
Redest von fehlender Ehrlichkeit,
Von einer Entfremdung.
Jedoch machst du diese Wendung.

Nun weiß ich es,
Wie es ist,
Enttäuscht zu sein
Von einem besten Freund.
Es tut schon weh.
Doch es ist okay.
Das Leben geht weiter,
Ob wolkig, ob heiter.

Mit dir kann man nicht drüber reden,
Beginnst gleich um dich zu treten.
Auch wenn du jetzt gehst,
Ich hoffe du verstehst,
Ich habe alles versucht
Die Freundschaft zu retten.
Vielleicht findest du die Kraft,
Dass auch du Eingeständnisse machst.

Nun weiß ich es,
Wie es ist,
Enttäuscht zu sein
Von einem besten Freund.
Es tut schon weh.

Doch es ist okay.
Das Leben geht weiter,
Ob wolkig, ob heiter.

Das Leben geht weiter...

// *Es war nicht für immer.*
Eine Weile hat es gedauert, bis wir uns wieder
Schritt für Schritt angenähert hatten. Wir haben nie
wirklich über diese Zeit gesprochen, aber für mich
war es auch nicht notwendig. Vielmehr hat es sich
gezeigt, dass das Band, welches uns verbunden hat,
immer noch da war.
Es war nicht gerissen. Es hing nur locker zwischen
uns und wir mussten es wieder an beiden Enden fest
packen und spannen.

Hide

Everyday I see
In the faces of my friends.
Then, I want to tell
But I realize it would be hell
If they never saw me like before
As I really am.
So it's better to keep my secret.

That's so hard,
When you have to hide something.
If you think
They wouldn't understand
Maybe, they would try to comprehend
But the risk is too high
And you're too shy.
To be honest

Sometimes, I feel
All my doubts inside
And my soul is overloaded,
Please, I want to be saved.
But I'm not able to conquer my fear
That is always here
Where's the faith I need?

That's so hard,
When you have to hide something.
If you think
They wouldn't understand

Maybe, they would try to comprehend
But the risk is too high
And you're too shy.
To be honest

I know that I would feel free
If I could tell my secret
But it's not as easy as you think
And it's not as easy as I want it to be
I hate what I'm going through

That's so hard,
When you have to hide something.
If you think
They wouldn't understand
Maybe, they would try to comprehend
But the risk is too high
And you're too shy.
To be honest

The Resident Evil

I'm not always that good
What you think I am
I'm not always in that mood
To be so nice to you
Everybody has a darker side
Today, mine will be shining bright

There's the resident evil in my soul
There's the resident evil in my mind
I hope you'll be afraid
There's no time to wait
To make you scream
Scream

Now, you will understand me
Can you see?
Now you lie under the willow tree
I covered you with earth
Everybody has a darker side
Today, mine will be shining bright

There's the resident evil in my soul
There's the resident evil in my mind
I hope you'll be afraid
There's no time to wait
To make you scream
Scream

You can't see anything
Everything is dark
You can't feel anything
Everything is cold
You can't breathe
Do you have the fear
To lose your life?
Can you feel what I've felt
Because of you?

There's the resident evil in my soul
There's the resident evil in my mind
I hope you'll be afraid
There's no time to wait
To make you scream
Scream

Everybody has a darker side
Today, mine will be shining bright

There's the resident evil in my soul
There's the resident evil in my mind
I hope you'll be afraid
There's no time to wait
To make you scream
Scream

Mit einer guten Freundin hatte ich ausgemacht, dass jeder von uns beiden am selben Abend einen Songtext schreibt und diesen zur Schule am nächsten Tag mitbringt.

Thema war egal, ob Englisch oder Deutsch.

Da waren wir komplett frei.

Ich saß dann so auf dem Boden (an meinem Schreibplatz) und hatte keine Ahnung, was ich schreiben sollte.

Ich saß da bestimmt eine Stunde, mit dem Stift in der Hand, bereit, um gleich den besten Einfall meines Lebens zu notieren. Aber dieser Einfall kam nicht.

Zumindest nicht aus mir.

Dann habe ich irgendwann auf das kleine Regal mit meinen Videokassetten geschaut und zum Glück nicht als ersten Film „Freche Biester!" gesehen, sondern „The Resident Evil". Mein erster Gedanke war: „Ja, darüber will ich schreiben! Das ist es."

Dann habe ich diesem Impuls einfach vertraut und losgelegt.

Was fühlst du?

Ich warte schon so lange
Auf diesen einen Moment,
In dem ich dir sage,
Was ich fühle und denk.

Würdest du's mir sagen,
Wenn du's wirklich weißt.
Würdest du's verraten,
Auch für jeden Preis.
Den ich dir anbiete,
Hör mir bitte zu.
Alles was ich hörn will:
„Was fühlst du?"

Stundenlanges Reden
Und keine Mühen verschenkt,
Doch ich weiß noch nicht,
Was du fühlst und denkst.

Würdest du's mir sagen,
Wenn du's wirklich weißt.
Würdest du's verraten,
Auch für jeden Preis.
Den ich dir anbiete,
Hör mir bitte zu.
Alles was ich hörn will:
„Was fühlst du?"

// Ich habe keine Ahnung, wie man diesen Song musikalisch umsetzen könnte (Ideen?), doch er hat, wie ich finde, eine einprägsame Melodie.

Zumindest klingt sie in meinem Kopf sehr schön und lädt zum Mitsummen ein (Mhm Mhmmm Mmmh Mhhmm).

Falls du dich wunderst, warum dieser Text so kurz ist, das hat einen guten und einfachen Grund.

Ich habe für dieses Buch all meine Aufzeichnungen der letzten Jahre zusammengesucht und teilweise dafür erst digitalisiert.

Ja, und der Notizzettel mit den weiteren Strophen ist bisher nicht aufgetaucht.

Tja, und das ist alles.

Go Away

I've loved you so much
I can't describe it
Our love has been so strong
The strongest I've ever had
I've only seen your pretty face
The nice girl, my dear
But...

It's over now!
Forever! You can forget it!
Now I know
I've been so blind
That hasn't been you
Not the truth
Now I know
I've been used by you
I've been a fool
So...

Go away from me now
You can hide
But I won't search you
Go away from me now
I don't love you anymore
I don't want you anymore
Go away from me now

Go away from me now
You can hide
But I won't search you
Go away from me now
I don't love you anymore
I don't want you anymore
Go away from me – NOW
I've broken away
Go away

You've shown me heaven
I thought so
You've got my heart and soul
You've been the first who's had it
The smile on your face
Has been like the sun for me, my dear
But...

It's over now!
Forever! You can forget it!
Now I know
I've been so blind
That hasn't been you
Not the truth
Now I know
I've been used by you
I've been a fool
So...

Go away from me now
You can hide

But I won't search you
Go away from me now
I don't love you anymore
I don't want you anymore
Go away from me now

Go away from me now
You can hide
But I won't search you
Go away from me now
I don't love you anymore
I don't want you anymore
Go away from me – NOW
I've broken away
Go away

Now I know
I wasn't the one for you
Like the other two
I was just a toy for you
Like the other two
You've played with us
The game is over
You're the loser

But it hurts…

Go away from me now
You can hide
But I won't search you

Go away from me now
I don't love you anymore
I don't want you anymore
Go away from me – NOW
I've broken away
Go away

// Japp, das ist mein Upbeat-Girl-Bashing-Song
aus dem Jahr 2003 mit lauten Gitarrenriffs,
schnellen Schlagzeugrhythmen und einer tanzbaren,
groovenden Basslinie.
Musikalisch könnte er perfekt in das Album „The
Best Damn Thing" von Avril Lavigne passen, das
2007 erschienen ist. Hör dir hier vor allem mal den
Song „I Can Do Better" an.
Danach schaust du dir bitte noch einmal das Jahr
an, in dem ich diesen Song geschrieben habe. Fällt
dir was auf? Genau, das war vier Jahre vorher!
Also wenn da mal nicht jemand heimlich in meine
Notizbücher geschaut hat, dann weiß ich auch nicht.
Schon sehr verdächtig, wie ich finde.
Oder etwa nicht?!

Losing you
(One of my biggest mistakes)

And since the moment I've lost you
I can't stop thinking about you
Thinking about you
About you

Every moment that we shared
Even if it was that little
It is now more important than ever
I remember the day we got together
And now it seems, it was the best day
In the last whole year

I was too weak to hold on to you
I was too strong to admit what I feel for you
And since the moment I've lost you
I can't stop thinking about you

I know that you don't think of me
But in contrast, so do I more often
Not everything was fine
Not everything went well
But I was too blind to see
That we had more in common
Than what was different

I was too weak to hold on to you
I was too strong to admit what I feel for you
And since the moment I've lost you
I can't stop thinking about you

Maybe I haven't done enough
Or maybe it was you
But no matter whose fault it was
I will always blame myself
Myself for losing you

I was too weak to hold on to you
I was too strong to admit what I feel for you
And since the moment I've lost you
I can't stop thinking about you

I have to let go
Can I?!

The Truth

All these years I thought I knew you
All these tears I've cried for you
Like an endless river
All these words I never said
All these times I had to wait
Like an endless nightmare

You've never shown your feelings – But I…
You've never been true to me – But I…
It's so hard, all is dark

I've got so much pain
Inside of me
I wanna scream it out
That you hear
What I really think about you
I wanna tell you
The truth

All these things I've done for you
All these gifts I gave to you
Like a blinded fool
All these promises you've made
All these lies I really hate
Like a blinded victim

You've never shown your feelings – But I...
You've never been true to me – But I...
It's so hard, all is dark

I've got so much pain
Inside of me
I wanna scream it out
That you hear
What I really think about you
I wanna tell you
The truth

Here is my truth for you
I will never ever listen to you
Now, you are a dead person to me
Shut up and leave me
Forever

I've got so much pain
Inside of me
I wanna scream it out
That you hear
What I really think about you
I wanna tell you
The truth

// Als ich diesen Songtext geschrieben habe, hatte ich die Songs meiner absoluten Lieblingsband Linkin Park als Vorbild und es ist eines der beiden Lieder, für die ich eine Melodie komponiert habe.

Zumindest für den Refrain, inklusive Screamo-Part (bei „the truuuuuuutttthhhhhhh")

In meiner Jugend hatte die Band einen sehr großen Einfluss auf mich und mich durch schwere Zeiten begleitet. Ich habe mich mit ihren Texten identifizieren können und mich verstanden gefühlt.

Es ging sogar soweit, dass ich Flammentattoos an beiden Unterarmen haben und Rocksänger werden wollte. Aus beidem wurde (noch) nichts.

Doch ihre Musik begleitet mich seitdem und wird es auch für immer tun.

Bis der letzte Stern am Himmel sein Licht verliert...

Nothing

I was confused
About me
About you

I was drowning
In pain
Or love

I was dropped
Fell deep
Deeper

I hit the ground
Did I? Or not?

I am confused
I believe

How long I don't know
Anything
Anything about me
And you

Who's to blame?
You or me?
It's all okay, or not?

Nothing
Nothing
Nothing
Everything

I was hopeless
About me
About you

I had it
Power
Or weakness

I thought I flew
But I fell deep
Deeper

In the ocean
Can I breathe? Or not?

I am confused
I believe

How long I don't know
Anything
Anything about me
And you

Who's to blame?
You or me?
It's all okay, or not?

Nothing
Nothing
Nothing

Everything

I am confused
About me

About you

Be Not Afraid

Bleib dir treu,
Verändere dich nicht.
Sei du selbst,
Wie es dir gefällt.
Lass die anderen sagen, was sie sagen,
Hör auf danach zu fragen,
Wie sie es gerne hätten und wollen.
Mach nicht alles für sie, so fein,
Sag auch mal NEIN!

Sie gehen mit dir um wie ein Haufen Dreck,
Hör nicht einfach weg,
Bleib nicht an ihnen hängen und kleben,
Ich sag dir,
Wehr dich dagegen!
Leb dein eigenes Leben!

Mach was du willst und zieh es durch.
Hab keine Furcht.
Es gibt nichts zu verlieren,
Du kannst nur gewinnen,
Aus der Macht der anderen entrinnen
Und aus deinem Schatten springen.

Verfolge deine Ziele
Und gib sie nicht auf.
Kämpf für deine Träume

Und leb sie aus!

Be not afraid of doing it
Be not afraid of saying it
Be not afraid of living your life
The life you want to live

Und auch jetzt,
Wo du weißt wer du bist
Und was die anderen betrifft,
Dir ist es egal was sie sagen,
Du hast aufgehört nur ja zu sagen.
Ihnen stets zuzustimmen.
Du kannst gewinnen.

Weißt nun Bescheid,
Doch sei bereit.
Es gibt auch weitere Gefahren,
Hindernisse, Rückschläge.
Wie kein Geld auf der Bank
Und somit völlig blank.
Musst in eine fremde Stadt,
Deine Freundin packt.
Nun geht sie mit deinem besten Freund,
Deine Wut auf beide schäumt,
Bist völlig am Boden.

Doch steh wieder auf
Und...

Verfolge deine Ziele
Und gib sie nicht auf.
Kämpf für deine Träume
Und leb sie aus!

Be not afraid of doing it
Be not afraid of saying it
Be not afraid of living your life
The life you want to live

Deine Ex kommt zurück,
Doch sie hat nun kein Glück.
Sie blitzt bei dir ab.
Und auch in der fremden Stadt
Geht es bergauf,
Auf dein leeres Konto kommt wieder Kohle drauf.

Weil, du hast es geschafft.
Es bis nach ganz oben gebracht.
Bist nun bei den Top of the Pop
Und nun geht alles ganz flott.

Doch auch nun
Gibt es noch immer viel zu tun.
Viele Träume sind wahr,
Andere noch unklar.
Neue Träume kommen dazu,
Deshalb gib niemals Ruh!

Verfolge deine Ziele
Und gib sie nicht auf.

Kämpf für deine Träume
Und leb sie aus!

Be not afraid of doing it
Be not afraid of saying it
Be not afraid of living your life
The life you want to live

*// Als Auftragsschreiber war ich sehr vielseitig.
Auch denglische Soft-Pop-Rap-Texte habe ich
geschrieben, die glatt von der deutschen Boygroup
„Die 3. Generation" oder Oli P. hätten eingesprochen,
ähm, sorry, eingerappt werden könnten.
Doch ich mag diesen Text sehr gerne.
Nicht nur, weil ich ihn komplett gangstermäßig
rhythmisch rezensieren könnte, sondern vor allem
wegen seiner Message, an sich sowie seine Träume
zu glauben und für sie zu kämpfen.
Okay, ich gebe es zu, es entspricht vielleicht einem
Klischee. Aber es ist ein Klischee, für das man sich
nicht schämen muss, wenn man danach lebt!
Und zwar nie.*

Heranwachsende Gedanken

I'm not a boy, not yet a man

Wie jeder weiß, kommen nach den Coming-of-Age-Jahren die Crossroads-Jahre eines jeden Menschen.

Dieser von mir neu eingeführte und von mir wissenschaftlich bewiesene Fachbegriff bezieht sich auf den gleichnamigen Film mit Britney Spears aus dem Jahr 2002. Ich könnte euch mit ziemlich langen Studien langweilen und weitere Expertenmeinungen zu Rate ziehen, doch das ist alles gar nicht nötig.

Britney Spears selbst hat diese Lebensphase mit dem Titelsong auf den Punkt gebracht: „I'm not a girl, not yet a woman".

Und in meinem Fall wäre es die männliche Variante. Dieser Satz lässt sich natürlich individuell anpassen und ist sehr zutreffend.

Zumindest für mich.

Denn so habe ich mich sehr lange gefühlt und es gibt Tage, da fühle ich mich immer noch mehr wie ein „boy" und nicht wie ein „man".

Und ja, auch hier habe ich meinen Frieden gemacht und finde es genauso okay, wie eben *leise* zu sein.

Da kommen für mich viele Fragen auf: Was genau ist der Unterschied? Wann tritt dieser ein? Wie fühlt er sich an? Gibt es einen? Ändert sich etwas?

Also körperlich schon, klar, und du hast wohl andere Verpflichtungen, vielleicht einen guten Job, vielleicht ein sehr langes Studium, vielleicht eine vierköpfige Familie, vielleicht eine Altbauwohnung, vielleicht ein grünes Auto, vielleicht mehrere Haustiere, vielleicht spielst du Golf oder freust dich sonntags auf den neuen „Tatort", vielleicht auch etwas ganz anderes, aber bleiben nicht viele deiner Themen, die du als Kind oder Jugendlicher hattest, auch deine Themen als Erwachsener?

Und heute, nach vielen Jahren, erkenne ich einige dieser Themen, die mich damals beschäftigt haben, immer noch wieder. Wie du gleich auch lesen wirst.

Ich bin sie nicht vollkommen losgeworden, aber ich gehe mit ihnen anders um. Dank weiteren Jahren an Lebenserfahrung (hier, der eindeutige Beweis, ich bin erwachsen. Nur Erwachsene benutzen dieses Wort, richtig?!) habe ich ein anderes Verständnis, eine andere Meinung, eine andere Sicht für sie bekommen und kann so mit ihnen anders umgehen.

Mittlerweile finde ich es sogar schön zu sehen, dass sie immer noch als Begleiter an meiner Seite sind, eben nur in einer neuen Form. Sie sind ein Teil von mir und machen mich aus.

Natürlich verschwinden manche Themen („Wie kann ich meine Eltern überzeugen, dass eine Taschengelderhöhung eine richtig tolle Idee ist? Wird mich Blümchen jemals heiraten?") oder neue kommen hinzu („Brauche ich wirklich so einen elektrischen Nasenhaartrimmer? Wann war eigentlich der Moment, als mich niemand mehr nach meinem Ausweis beim Alkoholkauf gefragt hat?").

Doch so ganz grundsätzlich bleibe ich, ich.

Vielleicht sollte ich hier wirklich Kind bleiben und mir keine Gedanken darüber machen oder Angst haben, was meine Mitmenschen über mich denken.
Oder vielleicht bedeutet genau *das*, kein Junge mehr zu sein, sondern ein Mann.

Auf jeden Fall bin ich nicht mehr so streng mit mir, für jede Frage eine Antwort finden zu müssen.
Perfekt zu sein. Sondern ich versuche es auszuhalten, einfach mal Dinge nicht zu wissen.

Ich habe festgesellt, dass manche Fragen (natürlich nicht alle) zu leben, etwas Großartiges sein kann.
Es gibt mir eine Freiheit, die mir keine Antwort der Welt geben könnte. Ich habe die Möglichkeit zu atmen, zu erforschen, neugierig zu sein.
Von Moment zu Moment zu leben.

Eine meiner größten Entdeckungen war: Während ich auf der Suche nach einer Antwort bin, bin ich gleichzeitig mehr bei mir (und hier wieder etwas, was paradox erscheint, aber anscheinend doch irgendwie zusammengehört).

Vielleicht kommt eine Antwort.
Vielleicht bleibt eine Frage.
Vielleicht bleibt sie lange.
Vielleicht bleibt sie sehr, sehr lange.
Vielleicht bleibt sie auch für immer.

Und vielleicht bist du die Frage, die du lebst.

Auf den nächsten Seiten findest du weitere Gedichte, Gedanken und Notizen von mir.
Ich lasse sie unkommentiert.
Ich möchte, dass du die Freiheit hast, dir so viele Fragen zu stellen, wie du möchtest. Und vielleicht ist deine erste Frage: „Warum gibt es jetzt auf einmal keine Kommentare mehr?"

Viel Spaß beim Aushalten.

Club der stillen Denker

Hier, in dieser Mehrfach-Millionen-Stadt kannst du
so ziemlich alles finden,
an was du nur denken und träumen und denken,
aber vor allem haben kannst.
Alles was dein Konsumherz verlangt
und nicht einmal wünscht.

Doch es gibt eine Sache,
die du in dieser Stadt nur selten findest,
auch wenn du überall suchst und suchst und suchst,
es bleibt versteckt.

Auf dem Weg zur Bahn, in der Bahn, neben der Bahn,
in Cafés, in Fast-Food-Restaurants,
in sehr teuren Restaurants,
im Nagelstudio, im Hundestudio, im Fitnessstudio,
im Theater, im Kino, im Park,
auf Aussichtsplattformen, in Museen, in Bars,
in Schulen, an der Uni und beim Therapeuten.

Es ist so rar und kostbar und wertvoll
und zerbrechlich und wenn es mal passiert,
dann ist es ein Ereignis.
Ein richtiges Happening, etwas ganz Großes,
in kürzester Zeit.

Fast keiner bekommt es mit, wenn es passiert.
Fast niemand erkennt, was da passiert.
Falls es passiert, ist es schon passiert.

Ein Blickkontakt, der nicht länger
als ein Augenblick hält.
Ein Kontakt, zwischen dir
und einem anderen Menschen.
Ein Blick, der dich nicht allein fühlen lässt.
Für eine Millisekunde, nicht allein unter Millionen.

Und wenn du gerade das Gefühl hast,
diese andere Person, ist eine richtige Person,
ist für gewöhnlich auch die andere Person,
die Person, die den Kontakt abbricht.

Es ist die Person,
die schon so viel länger allein ist als du.

Der Kopf wird geneigt und sich wieder versteckt.
In einer anderen Welt, die so viele verbindet,
aber doch keinen erreicht.

Eine Welt ohne Blick, aber mit Kontakt.

Und so sitze ich nun hier im Club der stillen Denker,
der papierlosen Poeten ohne Poesie.

Gedanken I

Ich bin zu komplex und ich mache Fehler.
Aber ich mache sie gerne, denn aus ihnen lerne ich.

Oft bin ich überfordert und weiß nicht so recht, wie ich
mit bestimmten Situationen umgehen soll.
Meistens sind meine Gefühle und Gedanken schuld.
Sie schaffen es immer wieder aus einfachen Situationen,
eine für mich scheinbar unlösbare Aufgabe zu erschaf-
fen. Aufgegeben habe ich noch nie.

Irgendwie, meistens weiß ich selbst nicht so genau wie,
konnte ich die Situation meistern.

Es ist wirklich ein komisches Gefühl, sich selbst danach
zu fragen: „Wie habe ich das eigentlich geschafft?"
Und keine Antwort darauf zu finden.

Zu gerne würde ich wissen, wie vielen Leuten es noch
genauso geht wie mir.
Es gibt bestimmt noch einige, aber einfach jemand
ansprechen und fragen kann man ja auch nicht. Oder?
Zumindest würde ich mich das nicht trauen.

Außerdem reicht es mir schon, dass einige Menschen
in meinem näheren Umfeld denken, dass ich verrückt
bin.

Also warum sollte ich diese Zahl noch erhöhen?!

Ja, und schon wieder kreisen meine Gedanken um unnütze Dinge und es ist so schwierig, sie daran zu hindern.

Manchmal glaube ich, dass sie ein eigenes Leben führen und mich, netterweise, nur daran teilhaben lassen, ob ich will oder nicht.

Über meine Gefühle brauchen wir erst gar nicht zu reden, die machen sowieso was sie wollen.

Es kommt vor, dass sich manche Gefühle für Tage, Wochen, ja manchmal auch Monate zurückziehen und dann doch wieder an einem schönen, sonnigen Nachmittag zurückkommen.
Natürlich ohne vorher Bescheid zu geben und sie dich so völlig aus der Bahn werfen.

Ich meine hallo, wer kann schon damit rechnen, dass sie wiederkommen und dann auch noch von einem verlangen, genauso gut mit ihnen klar zu kommen, wie zuvor.

Schließlich rechnet man ja mit ihnen nicht mehr und hat sich eigentlich auf ein Leben ohne sie eingestellt.

Aber nein, so einfach ist es natürlich nicht.
Wie eigentlich alles.

Vielleicht bin nicht ich zu komplex.
Sondern alles andere ist zu komplex für mich.

Was die ganze Sache natürlich auch nicht besser und
einfacher macht.

Quadrierte Kreise

Definitionen quadrieren Kreise
Wörter wissen nicht mehr, wie sie heißen
Das Gegenüber liegt neben mir
Alles bleibt, doch auf eine andere Art und Weise

Manche Gedanken, befreit in der Luft
Eingesperrt bleibt der Geruch
Der Geruch der Freiheit hinter Mauern
Ich weiß doch, dass die Regeln das bedauern

Alles sollte sein, wie es sein soll
Doch nichts bleibt, wie es sein soll
Und wenn nichts ist, wie es sein soll
Ist dann alles so, wie es sein soll?

Gelerntes bleibt für immer vergessen
Ich fasse was an und berühre doch nichts
Sich-selbst-sein und nicht wissen, wer man ist
Empfindungen haben und diese messen

Kilometerweit laufen und im Stillstand sein
Doch die Füße berührten den Boden nicht
Trotzdem standen sie mit festem Stand
Bis einer den Boden kippte und verschwand

Alles sollte sein, wie es sein soll
Doch nichts bleibt, wie es sein soll
Und wenn nichts ist, wie es sein soll
Ist dann alles so, wie es sein soll?

Ein seltsamer Tanz

Wenn Angst und Freude sich berühren,
ist es ein seltsamer Tanz.
Von Hoffen, Bangen und Lieben.

Anmutig schweben sie über das Parkett.
Mal sanft, mal wild und doch adrett,
mit fest lächelndem Gesicht.

Mit jedem Schritt und jeder Drehung
ist es so, als ob sie kein Morgen kennen.
Sie verweilen im Takt,
lehnen ein Ende ab.

Doch übernimmt einer die Führung,
kommen sie ins Wanken,
stolpern über ihre Füße
und liegen am Boden.

Es fließen Tränen bei den letzten Noten.

Notiz I

Wie kann etwas,

was so richtig scheint,

eine

Lüge

sein?

Gedanken II

Ich bin ein sehr rationaler Mensch.
Aber auch nur, weil ich sehr emotional bin.

Wenn ich mir nicht alles logisch erklären würde und mich nicht immer unter Kontrolle hätte, würden die Emotionen überhandnehmen und ich wäre ihnen restlos erlegen.

Generell ist es ja nichts Schlimmes, auf seine Gefühle zu hören, aber wenn sie dich nur noch bestimmen, kann dies sehr hinderlich sein.

Und damit dies erst gar nicht passiert, bleibe ich bei meiner emotionalen Rationalität.

Mir ist so kalt

Mir ist kalt, halt mich fest, doch du bist nicht da.
Kraftlos lieg ich hier, ausgebrannt und leer.
Ich bräuchte dich heute umso mehr.

Halt mich fest, mir ist so kalt.
Halt mich fest, mir ist so kalt.
Halt mich fest, mir ist so kalt.
Mir ist so kalt.

Meine Augen sind geschlossen, mein Atem ganz flach.
Hilf mir, damit mein Feuer wieder entfacht.
Gib mir deine Hand, leg sie auf mein Herz.

Halt mich fest, mir ist so kalt.
Halt mich fest, mir ist so kalt.
Halt mich fest, mir ist so kalt.
Halt mich fest.

In deinen Armen weiß ich, was ich brauche.
Hoffnung, Liebe, Zuversicht.
Das gibst du mir.
Das gibst du mir.

Halt mich fest, bleib bei mir.
Halt mich fest, bleib bei mir.
Halt mich fest, bleib bei mir.

Bleib bei mir.

Notiz II

Das hinter einem Lächeln
~~(getarnte Verbrechen)~~
sticht direkt mit dem Messer zu.

Ahnungslosigkeit gefärbt mit trügerischem
Halbwissen lässt Behauptungen lebendig werden.

Klein Else

Klein Else, vierzehn Jahr, dunkles langes Haar,
war sich jetzt noch nicht ganz bewusst,
wessen Fußstapfen sie folgen muss.
Vaters? Mutters?
An ihrem Kinderzimmerfenster
stand sie den ganzen Tag,
und überlegte, ob ihr nicht was
anderes einfallen mag.

Ihr Vater war sein Leben lang Jurist,
was anderes aus der Familie kannte er nicht.
Ob Großvater, Onkel, Bruder oder sogar Tante,
eigentlich alle Verwandte,
lebten nach Ordnung, Recht und Gesetz.

Ihre Mutter dagegen war von anderer Natur.
Sie liebte die Musik, am liebsten in Dur.
Mit drei Jahren begann sie schon zu singen
und brachte die Herzen der Menschen zum Klingen.
Heute singt sie im Chor
und ist für klein Else immer da.

Klein Else bewunderte beide sehr,
deswegen fiel es ihr so schwer,
zu entscheiden, welcher Weg von beiden, ihrer wär.
Vaters? Mutters?
Sie konnte es sich nicht eingestehen,
ihren eigenen Weg zu gehen.

Zu viele Fragen, Unsicherheit
und selbst auferlegte Einschränkungen.

In ihr Tagebuch verbannte sie
alle Sorgen und Gedanken,
und hoffte, dass sie zu zweit Lösungen
für ihre Probleme fanden.
Jeden Abend vorm Schlafengehen nahm sie es
unter ihrem Bett hervor,
und las sich ihren ersten Eintrag
von vor zwei Jahren vor:

Meine liebe klein Else,
inwiefern kannst du das Träumen wagen,
ohne deinen Plan vom Leben zu verraten?
Kannst du deinen Entscheidungen vertrauen,
ohne dir deinen eigenen Weg zu verbauen?
Wie soll ich denn zu den Sternen kommen -
Tu ich doch lieber unten liegen und mich sonnen.

Dann legte sie es auf dem Kopfkissen ab,
nahm ihren Stift und die Gedanken
zu diesen Fragen wurden verwischt,
mit Einträgen, die sich an das Leben
anderer orientierten, ohne zu merken,
dass sie sich nicht auf Else konzentrierten.

In der Schule stand das Thema
„Zukunft und Träume" auf'm Programm.
„Ich werde Polizist oder Kapitän.",
sagte der kleine, dicke Herrmann.

„Und ich Schneiderin oder Model.",
meinte die schräge Beate.
Nur klein Else blieb stumm,
da sie keinen eigenen Traum hatte.

Mit niemandem redete sie in der großen Pause
und ging nach Schulschluss traurig nach Hause.
Dass etwas nicht stimmte, merkte ihre Mutter gleich,
klein Else war gedankenverloren und bleich.

„Was ist denn los, mein Herz?
Worüber zerbrichst du dir den Kopf?"
„Alle haben ihre eigenen Träume,
selbst die mit dem bunten Schopf,
und ich will so sein wie du oder Vater
und ich weiß nicht, ob es richtig ist,
ich will doch nur,
dass niemand von mir enttäuscht ist."

Klein Else fing an zu weinen und zu schreien
und lies sich in die Arme ihrer Mutter fallen.

„Else, wir lieben dich so wie du bist und möchten,
dass du glücklich wirst.
Wir unterstützen dich in all deinen Entscheidungen,
auch wenn sie zu Beginn Schmerzen bereiten.
Aber du wirst sehen, es lohnt sich,
seinen eigenen Weg zu gehen."

Meine liebe Klein-Else,
lebe wild und gefährlich.

Vergiss Mathe, werde Stripperin
Oder Schülerin von Slytherin.
Beginne mit dem Dessert. Bestell zwei.
Geh in den Wildpark.
Fütter Waschbären und Tiere mit Geweih.

Sag „Ja", wenn du „Ja" meinst.
Sag „Nein", wenn du „Nein" meinst.
- Und nicht „vielleicht".
Glaube an dich, egal was andere sagen.
Du musst nicht immer erst fragen.
Mach den ersten Schritt,
viele kommen da schon nicht mal mit.

Nimm das Risiko auf dich, dich zu trauen,
deinen Lebensplan mit Gefühlen,
Wünschen und dem Unmöglichen zu unterbauen.
Träume müssen nicht nur Träume bleiben,
das habe ich nun erkannt.
Deswegen nehme ich sie ab heute
selber an die Hand.

Schrieb klein Else in ihr Tagebuch,
und hatte von da an, von den Leben anderer genug.

Gedanken III

„Was ist das denn für ein Gefühl? Kannst du es denn irgendwie beschreiben?"

„Mhm, das ist gar nicht so einfach.", Nina überlegt kurz, schaut auf den Boden und hat plötzlich eine Idee.

„Doch, schau, siehst du da die kleine Schnecke? Sie hat immer ihr Schneckenhaus, ihr Zuhause bei sich, trotzdem macht sie sich ständig auf den Weg zu neuen Orten. Gut, weil sie wohl Hunger hat, aber ich denke auch, dass sie noch auf der Suche nach einem Ort ist, an dem sie sich zu Hause fühlt. Einer Heimat. Und so ähnlich ist es auch bei mir."

„Okay... Nina, alles gut bei dir? Du bist keine Schnecke. Du bist keeeine Schnecke, ok?!"

„Lustig. Das ist mir schon klar. Du weißt nicht, was ich meine. Kurz gesagt: Ich weiß, ich habe mein Zuhause hier, trotzdem bin ich noch auf der Suche danach."

Chicks with Dicks

Ein unveröffentlichter Wikipedia-Eintrag

Name: CHICKS WITH DICKS
Genre: Pop
Mitglieder: BOOMSER!NA, red lipzZ, Waltah Shave und BOLLA Hétè

Die lesbische Supergroup CHICKS WITH DICKS bestehend aus: Waltah Shave, BOLLA Hétè, red lipzZ und BOOMSER!NA fand sich im Jahr 2007 zu einer mittlerweile hochgeschätzten Elektro-Underground-Musikgruppe zusammen, um die Welt der Popmusik und den „trash dance" zu revolutionieren.

Bandgeschichte

Eine eineinhalb Jahre andauernde Tournee durch unzählige Schwulen- und Lesbenbars bzw. -clubs in Nordamerika verschaffte ihnen dort einen einzigartigen Kultstatus.

Das Phänomen ist, dass die Band praktisch nur durch Mundpropaganda und durch ihre provokanten Auftritte und Kostüme bekannt geworden ist.

Zunächst nur von der Szene als „die großen homosexuellen Revolutionäre" gefeiert, wurden bald auch einige Elektrolabels wie u.a. Mouseville oder Digital Hardcore Recordings auf sie aufmerksam.

Allerdings scheiterten sämtliche Verhandlungen über einen Plattenvertrag an den „immensen finanziellen

Forderungen" seitens der CHICKS WITH DICKS, so zumindest die einstimmige Äußerung sämtlicher Verhandlungspartner.

Red lipzZ dazu in einem Net-Interview: „We are just too good for all those cheap labels."

Musik & Veröffentlichungen

Da das Aufgeben des Musiktraums für kein Mitglied der CHICKS WITH DICKS in Frage kam, gründeten sie im Juli 2009 kurzerhand ihr eigenes Label „CHICKS WITH DICKS Inc".

Nach den zwei Clubhits: "BOOMHOLE" und "SHAVE THE W" erschien anschließend im September 2009 die erste EP, die nach der Band benannt war.

Darauf sind zwei weitere Songs, die ebenfalls auf dem vor kurzem erschienenen Debutalbum „NO MOBY, NO DICK" zu finden sind.

Um das neue Album zu promoten, wird die Band ab Mai 2010 auch wieder auf große Clubtour gehen, diesmal auf der ganzen Welt.

Das Motto der Band „We just want to be rich and fu*king famous" ist gleichzeitig auch der Titel ihrer Tournee, die in Nordamerika starten und sich über mehrere Monate erstrecken wird.

Neues Album

Ein neues Album ist außerdem schon in Planung und soll nach der Tournee aufgenommen werden. „We are not lazy, always creative and true workaholics...it feels just good and magical to be a part of this.", so

BOOMSER!NA in einem Interview über ihre Band.

Das konstante Arbeiten der Bandmitglieder scheint sich langsam auch auszuzahlen, denn der Kampf um Aufmerksamkeit und um die musikalische Karriere trägt langsam Früchte.

Auf ihre momentanen Lieblinge der Musikszene angesprochen, antwortete Sängerin Lady Gaga wie folgt: „Maybe they are not really big yet, but just fresh and original. I promise you that they will be very very big soon."

Notiz III

Ich warte

noch auf den Moment

In dem ich fühle

was ich fühlen

sollte

für dich

Das Familiengericht (GVG, § 23b)

Ein kleines Mädchen von sechs Jahren
in buntem Elsa-Kleid steht vor Gericht.
Mit ihren blauen Augen schaut sie
dem Richter erwartungsvoll ins Gesicht.
Dieser große Mann in schwarzer Robe
starrt mit ernstem Blick zurück
und ist von diesem ehrlichen Kind
rein gar nicht entzückt.

„Junge Dame, darf ich Sie was fragen?
Ist es wahr, was Sie da sagen?
Dass Sie nicht zu ihrem Vater möchten
und ich soll nun darüber richten?"

„Ja, Herr Richter, das wäre wunderbar,
denn ich kann nicht mehr schlafen,
schon seit einem Jahr.
Meine Stofftiere wissen auch nicht mehr weiter,
selbst Pandi ist sprachlos... Leider."

Wie kann einer es wagen,
dieses Kind des Lügens zu bestrafen.
Mit Tränen in den Augen
und zerbrochenem Herz
steht es da voller Schmerz.
Hat den Glauben an die Welt verloren,
alles was ihm bleibt ist Unverständnis und Hohn.

„Gut, dann gehen wir nun mal in die Beweisaufnahme.
Ihre Mutter ist für Sie immer da, ohne Ausnahme?"
- „Ja."

„Sie bekommen jeden Tag genug zu essen,
leben wohl behütet und Ihr Zimmer ist angemessen?"
- „Ja."

„Sie haben eine Familie, die sie vollen Herzens liebt,
die immer auf Sie aufpasst und nach Ihnen sieht?"
- „Ja."

„Doch Sie haben das Gefühl, dass ihr Vater dies nicht tut
und Sie haben nun den Mut, dies hier zu äußern.
Und ich soll Ihnen dies jetzt glauben?"
- „Ja, Herr Richter. Ja."

Wie kann einer es wagen,
dieses Kind des Lügens zu bestrafen.
Mit Tränen in den Augen
und zerbrochenem Herz
steht es da voller Schmerz.
Hat den Glauben an die Welt verloren,
alles was ihm bleibt ist Unverständnis und Hohn.

„Wir müssen gar nicht lange warten,
ich habe bereits meine vorgefertigte Meinung,
ich brauche keine weiteren Fragen.
Möchten Sie denn noch etwas sagen, junge Dame?"

„Ja, Herr Richter, ohja!
Ich danke Ihnen so sehr, dass ich heute hier sein kann.
Bald kann ich wieder jede Nacht bei Mama schlafen
und das dauert nun gar nicht mehr lang!"

Wie kann einer es wagen,
dieses Kind des Lügens zu bestrafen.
Mit Tränen in den Augen
und zerbrochenem Herz
steht es da voller Schmerz.
Hat den Glauben an die Welt verloren,
alles was ihm bleibt ist Unverständnis und Hohn.

„Die Entscheidung ist wie folgt:
Ich glaube Ihnen kein Wort.
Es ist vollkommen egal, was Sie mir da erzählen,
über Menschlichkeit muss ich das Gesetz
in Deutschland wählen.
Gehen sie nun alle bitte ganz schnell nach Hause,
wegen solch einer Sache verschiebt sich
meine Mittagspause!"

Mit einem strahlenden Gesicht
dreht sich die junge Dame zu ihrer Mutter um
und sagt mit vollem Kinderherzen:
„Das habe ich gut gemacht, oder?
Das habe ich gut gemacht, Mama.
Jetzt ist alles endlich rum!"

Zu Hause wird ihr erst klar,
was die Wahrheit der Verhandlung war.

Wie kann einer es wagen,
dieses Kind des Lügens zu bestrafen.
Mit Tränen in den Augen
und zerbrochenem Herz
steht es da voller Schmerz.
Hat den Glauben an die Welt verloren,
alles was ihm bleibt ist Unverständnis und Hohn.

Blickdicht

So viele Möglichkeiten und kein Anfang zu erblicken.
Jede Chance versperrt der nächsten ihren Blick.

Blickdicht.

So wirkt diese Mauer aus unendlichen Neubeginnen.
Doch neu sind sie nicht mehr.

Stecken hier selbst fest
und kommen keinen Schritt voran.
Keiner geht für sie die Wege, die sie gehen sollten.
Keiner traut sich, nicht mal für einen Moment,
sich zu entscheiden.

Entscheidungslos.

Orientierungslos.

Niemand hat seine Zukunft vor Augen.
Nur die unendlichen Möglichkeiten.
Die unerreichbaren Träume.

Die erstickende Stille des Stillstands.

Notiz IV

Die Nächte
v e r s t r e i c h e n,
die Tage vergehen.

Doch ich kann dich
mit meinem H e r z e n
noch sehen.

Mein To-Do fürs Leben

Du kannst nicht mehr auf der Schaukel
der vergangenen Tage sitzen,
sondern du bist nun erwachsen
und schreibst deine täglichen To-Do-Listen.

Neben Milch einkaufen,
mit dem Hund Gassi gehen
und Unterhosen waschen,
gibt es einen Punkt und dieser wird schon
seit Jahren unversehrt gelassen:
„Wissen wer ich bin"
und als kleine Randnotiz „Wo will ich hin?"

In deinen vier gleichen Wänden
drehst du dich nur im Kreis
und da draußen gibt es noch viele Dinge,
von denen du nichts weißt.
Du denkst, unterwegs zu sein und zu reisen,
helfen dir die lästigen Worte durchzustreichen.

Ob im Lichterdschungel der großen Stadt,
ob im Stillen einer kühlen Nacht,
ob in Shakespeare, bei den Beatles
oder auf Gemälden von Van Gogh,
das zu finden ist, wonach du suchst,
dass kann ich dir nicht sagen.
Da musst du jemand anders fragen.

Du warst im nebligen Schottland
auf dem West Highland Way wandern,
du verbrachtest Zeit mit wunderbaren Menschen
aus so vielen Ländern,
du dachtest: „Wenn ich fremde Sprachen lerne,
vielleicht kann das etwas ändern."

Doch all das half einfach nichts und du stellst fest:
„Ich hab keine Ahnung. Was mach ich bloß jetzt?"

Mit Stapeln von Büchern sitzt du
in der größten Bibliothek
und denkst durch die Geschichten anderer
findest du deinen Weg.
Mit dem Gesang und der Musik
deiner Lieblingsbands,
glaubst du in den Lyrics etwas zu finden,
was du an dir erkennst.

Ob im Lichterdschungel der großen Stadt,
ob im Stillen einer kühlen Nacht,
ob in Shakespeare, bei den Beatles
oder auf Gemälden von Van Gogh,
das zu finden ist, wonach du suchst,
dass kann ich dir nicht sagen.
Da musst du jemand anders fragen.

Auf Social Media, im Fernsehen, auf Plakatwänden
und im Radio, suggerieren alle, wie du dich kleiden,
was du machen und was du haben sollst.

Neue Sneaker mit drei weißen Streifen,
das Auto mit den vier silbernen Kreisen
oder Versicherungen für 365 Tage
und Lebensläufe ohne eine einzige Frage.

Aber du fragst dich:
„Ist es das, was ich brauchen soll?
Ist es das, was ich fühlen soll?
Ist es das, wofür ich leben soll?
Ist es das, wer ich sein soll?"

Ob im Lichterdschungel der großen Stadt,
ob im Stillen einer kühlen Nacht,
ob in Shakespeare, bei den Beatles
oder auf Gemälden von Van Gogh,
das zu finden ist, wonach du suchst,
dass kann ich dir nicht sagen.
Da musst du jemand anders fragen.

Die Welt ist dir viel zu laut
und du fühlst dich unwohl in deiner Haut.
Du verschließt deine Ohren und hörst in dich hinein,
denn die Antwort kannst nur du selber sein.

Gedanken IV

Heute war es mal wieder so, dass ich mich für einen kurzen Moment wirklich gut gefühlt habe.
Ich war gut drauf, hab viel gelacht, war selbstbewusst und hab mich vor allem wohl in meiner Haut gefühlt.
Doch dann kam wieder so eine Sache (war es eine Kleinigkeit?!) dazwischen, die mit einem Schlag alles kaputt gemacht hat und ich mich dann wieder schlecht gefühlt habe.

Alles war wie weggeblasen.

So geht es mir eigentlich in letzter Zeit immer.
Ich kann wirklich für ein paar Minuten oder Stunden Freude empfinden, wo alles großartig ist, und dann ist alles fort und ich will nur noch weg.
Ich möchte auch wie andere einfach zufrieden sein und Gefühle an mich ranlassen.

Aber es geht meistens nicht.

Oft.

Ich habe einfach das Gefühl, dass ich hier nicht das Leben führen kann, was ich möchte; dass ich nicht der sein kann, der ich sein möchte und auch nicht die Person finden kann, die ich brauche.

Da ist zwar wieder jemand, aber meine Einstellung ist

auf Grund meines Selbstvertrauens (wobei ich weiß, ich habe auch irgendwo welches) so, dass ich sowieso keine Chancen hätte. Was schlecht ist.

Hier ist es zwar nicht schlecht, aber keiner kann (!) mir das Gefühl geben, dass er mich wirklich zu 100% verstehen könnte. Auch wenn es vielleicht so wäre.

Ich weiß zwar nicht, ob ich es mir nur einrede, aber ganz ehrlich, so wie ich mich zurzeit fühle, würde ich am liebsten einfach in das Land, in das ich möchte, in die USA.

Egal wie dumm es klingen mag, aber ich habe halt das Gefühl, dass ich es dort besser machen und vor allem mit mir selbst besser klarkommen könnte.

Vielleicht finde ich hier doch noch den Halt bzw. die Person, oder vielleicht sieht man mich auch endlich, dass ich es eben auch hier schaffen kann, mich so zu entfalten, so zu leben, wie ich möchte.

Ich weiß, keiner kann mir wirklich helfen, da ich auch sowieso Hilfe nur ungern, bei egal was, zulasse, aber vielleicht passiert doch noch etwas; dass mir jemand entgegenkommt und mir „unoffensichtlich" hilft.

So wie ich gerade versucht habe meine innersten Gedanken zu formulieren, hab ich es noch nie gemacht, da ich mich dann unsicher und ungeschützt fühle.

Vielleicht lass ich es dann auch lieber wieder und es bleibt eine einmalige Sache...

Who knows...

Notiz V

Es ist ein Privileg,
Träume leben zu können.

           Nicht jeder hat dieses Privileg.

Und für alle,
die ihre Träume nicht leben können,
sollten sie mitgelebt werden.

Erkenntnis

Aktueller Zwischenstand

Mein erster Poetryslam

Heute, am 17. Mai 2019, hier in Saarbrücken,
das ist mein allererster Poetryslam.
Und ich habe mich vorher gefragt, kann ich das?
Ist das etwas, was ich machen sollte?
Oder sollte ich es lieber lassen,
bevor ich mich blamiere.

Blamieren, und dann auch noch in meiner
Heimatstadt, wo die Chancen groß sind,
dass mich jemand im Publikum kennt,
was das Ganze für mich noch
schlimmer machen würde.

Doch noch größer war die Angst,
dass ich vielleicht gar nichts zu sagen habe.
Was habe ich schon zu sagen?
Ich habe mich sogar gefragt, darf ich das?

Also habe ich das Recht an einem Poetryslam
teilzunehmen, wenn ich kein Poetryslammer bin.
Also so ein offizieller.
Wobei ich gar nicht genau weiß,
was einen „offiziellen" Poetryslammer ausmacht.

Vielleicht Texte in einem bestimmten
Poetryslammer-Rhythmus vorzutragen?
Bestimmte Poetryslammer-Gesten zu verwenden,
um Worten mehr Bedeutung zu geben?

Oder ist die Eintrittskarte in den Poetry-Slam-Olymp
die Teilnahme beim Bielefelder Hörsaal-Slam.

Vielleicht mache ich das „Eines Tages, Baby".
„Jetzt Baby", bin ich erst einmal hier
und „Keine Ahnung, ob das richtig ist".

Doch ich denke, dass das Fundament von Poetryslam-
Texten seine Gedanken, seine Meinung, seine Gefühle
und vor allem sein Herz mit Menschen zu teilen ist.
Richtig, oder?

Und genau das tue ich doch auch mit meinen Texten.
Oder als Schauspieler.
Oder einfach als Mensch.
Als Benjamin-Joachim Horst Kelm.
(Japp, das ist mein voller Name.)

Also warum sollte ich heute Abend nicht hier stehen?
Wieso zweifele ich?
Wovor habe ich Angst?
Wovor habe ich Angst.

Geht es denn im Leben nicht um genau solche
Momente wie diesen hier.
Nervös zu sein.
Aufgeregt zu sein.
Nicht zu wissen, was passieren wird.
Etwas zum ersten Mal zu machen.
Es einfach zu machen
und sich auf ein Abenteuer einzulassen.

Wie als Kind, wenn du zum ersten Mal
vom Beckenrand ins Wasser springst.
Vom Ein-Meter.
Drei-Meter.
Fünf-Meter und dann...
vorm Zehn-Meter-Turm stehst
und denkst, wow, das traue ich mich nie und...
so ist es dann auch.

Doch allein der Gedanke und die Vorstellung
haben dich für diesen einen Augenblick zu einem
Helden gemacht.

Und dann hast du es dir
immer und immer und immer wieder
vorgestellt und dann bist du irgendwann
immer und immer und immer wieder
vom Zehn-Meter-Turm gesprungen.

Okay, also ich nicht - doch hättest du es dir nicht
immer und immer und immer wieder vorgestellt,
dich getraut es dir vorzustellen, dich getraut davon zu
träumen, hättest du es dann überhaupt irgendwann
gemacht?
Hättest du?

Wie kann es sein, dass ich als erwachsener Mann,
mit meinen 31 Jahren, hin und her überlegen muss,
mich überwinden muss, einfach zu sagen:
„Ja, ich mache beim Poetryslam mit. Darauf habe ich
schon lange Lust gehabt. Warum auch nicht!“

Wie kann es sein, dass mich so etwas so große
Überwindung kostet, und eine 16-jährige Greta
Thunberg sich vor die ganze Welt stellt
und sich für den Klimaschutz einsetzt.
Immer und immer und immer wieder.

Wie kann es sein, dass mich so etwas so große
Überwindung kostet, und eine Annalise Keating in
„How to Get Away with Murder" unter Einsatz ihres
Lebens die Ärsche ihrer Studenten rettet.
Immer und immer und immer wieder.

Wie kann es sein, dass... doch Moment mal.
Stopp.

Ich stehe gerade hier.

Und stopp...
Ich teile gerade meine Gedanken
und ich habe etwas zu sagen.

Und stopp... Stopp, stopp, stopp!

Ich bin vor acht Monaten nach New York gezogen,
um wieder Student zu sein. Ein Schauspielstudent.

Ich habe meinen festen Job aufgegeben.
Ich habe meine Wohnung aufgegeben.
Ich habe mein altes Leben aufgegeben.
Ich habe meinen Alltag aufgegeben.
Ich habe meine Sicherheit aufgegeben.

Stattdessen habe ich einen Kredit aufgenommen,
wobei ich in Amerika nicht einmal arbeiten darf.
Ich bin mit fremden Menschen in eine Wohnung
in Queens gezogen und nach zwei Monaten wurde
bei uns eingebrochen.

Ich habe meine Familie und Freunde in der Heimat
zurückgelassen und in New York verbringe
ich die meiste Zeit allein.
Und Sicherheit gibt es nur in der Form meines
täglichen Kaffeekonsums.

All das als erwachsener Mann, mit 31 Jahren.

„Bist du dir sicher? Willst du das wirklich machen?
Wow, ernsthaft?" – Wurde ich gefragt.

Und mir wurde gesagt: „Du hast keine Chancen in
Amerika, lass es lieber gleich ganz bleiben.
Das klappt nie."

Danke.

Mir reichen schon meine eigenen Gedanken:
„Was mach ich da bloß? Hilfe!!!
War es die richtige Entscheidung?
Wieso mache ich das gleich nochmal?
Und warum fühle ich mich wie ‚Benjamin allein in
New York' nur dass es keine US-amerikanische
Filmkomödie ist, sondern mein echtes Leben."

Doch habe ich davon nicht schon
immer und immer und immer geträumt?
Immer und immer und immer wieder?

Ja, habe ich.

Irgendwann habe ich mich getraut,
meinen Traum auszusprechen und beschlossen,
diesen leben zu wollen.
Mit allen Konsequenzen, Bedenken, Zweifeln
und Rückschlägen.

Und nicht trotz.
Immer und immer und immer wieder.

Und ich denke, das ist mein Sprung
von meinem ganz persönlichen Zehn-Meter-Turm.

Und während ich noch immer in der Luft bin,
realisiere ich langsam, wie befreiend es ist,
loszulassen. Loszulassen von Dingen und Menschen,
die dich nicht von deinem Zehn-Meter-Turm
springen lassen.

Stattdessen zu lernen,
auf dich und deine Gefühle zu hören.
Dich etwas zu trauen.
Für dich einzustehen.
Mit der Welt zu teilen, wer du bist.

Ich meine, ich kenne das nur zu gut:
Wie oft hast du deine Meinung sagen wollen
und es unterdrückt?
Wie oft hast du Nein sagen wollen
und es unterdrückt?
Wie oft hast du Ja sagen wollen
und es unterdrückt?
Wie oft hast du jemanden in den Arm nehmen wollen
und es unterdrückt?

Wie oft hast du lachen wollen und es unterdrückt?
Wie oft hast du weinen wollen und es unterdrückt?
Wie oft hast du schreien wollen und es unterdrückt?
Wie oft hast du lieben wollen und es unterdrückt?

Aus Angst, aus...
keine Ahnung,
ja, so vielen Gründen.

Doch du wirst spüren,
diese Fragen schmerzen mehr und mehr,
wenn du dir irgendwann nicht
immer und immer und immer wieder
die Antwort geben kannst: Oft.

Ich weiß, es klingt vielleicht wie ein Klischee,
Aber es ist keins, denn:

Nur du kannst etwas in die Welt bringen,
was nur du in die Welt bringen kannst.

Und wenn du nicht etwas in die Welt bringst,
was nur du in die Welt bringen kannst,
ist es für dich und die Welt verloren.
Für immer.

Denn dich gibt es nur einmal.
Du bist für immer einzigartig.

Und die Zeit, die dir zu Verfügung steht, ist einmalig.
Jeder Moment, nein jeder Mensch, hat es verdient,
dich und dein offenes und wildes Herz zu erleben.
Du hast es dir verdient.

Dein offenes, wildes und verletzbares Herz
voller Menschlichkeit.
Dein Herz voller Bedenken, Zweifel, Einsamkeit,
Trauer, Abgründen, Ängsten
und alles was du dir nicht eingestehen möchtest.
Dein Herz voller Wünsche, Träume, Ziele,
Hoffnungen, Freude, Liebe
und alles was du dir nicht eingestehen möchtest.

Keine Ahnung, ob das für einen Poetryslam Poetry
genug war, doch das ist das,
was ich euch zu sagen habe.
Was ich mit euch teilen möchte.

Und vielleicht bin ich keine Greta oder Annalise
Keating, okay, da gibt es auch noch einen rein
körperlichen Unterschied, doch ich bin die beste
Person, die ich sein kann.

Nur ich.
Niemand anders.

Und das darf und sollte ich auch zeigen können.
Wie heute vor euch.
Hier in Saarbrücken, in meiner Heimatstadt,
bei meinem allerersten Poetryslam.
Und ich sollte keine Angst davor haben.

Und wenn ich das kann,
warum dann nicht auch du?

//Zugabe für einen besonderen Menschen

6.082 km

Ich sitze hier alleine in New York
und du bist an einem anderen,
doch mir bekannten Ort.
Und ja, ich weiß, dieser ist ziemlich weit fort.

Denn uns trennt nicht nur ein ganzer Ozean,
die halbe Welt oder ein kleiner, alter Apfelbaum,
sondern um genau zu sein, auch 6.082 km.
Da kann man nicht so einfach sagen:
„Wir sehen uns später!"

Doch du musst wissen - Das ist mir egal.
Nicht, weil du mir nicht wichtig bist
oder ich dich und die Matratze
auf dem Boden vermiss.
Ja, auch dich schlafend auf dem Beifahrersitz.

Das ist mir egal,
weil eine Entfernung von 6.082 km nichts ist.
Nichts, weil unsere Liebe größer ist.
Auch größer als ein kleiner, alter Apfelbaum.

Da kann ich noch so weit weg von zu Hause sein,
da kann ich noch so weit weg von dir sein
und trotzdem könnte ich dir nicht näher sein.

Es reichen sechs Worte, zumindest auf Englisch.
Und da ich hier bin und du da bist,
kann ich es dir auch genau so sagen:

Far from home close to love

Ah, bevor ich es vergesse...

... da du mich nun schon ganz persönlich kennengelernt hast, teile ich doch gerne mit dir auch ein paar Fakten über mich.

Ich wurde 1987 im Saarland geboren und bin in Saarbrücken aufgewachsen. Zwischenzeitlich habe ich mal in Köln und London gewohnt. Momentan lebe ich in Queens, New York City.

Mein erstes Buch mit dem Titel „Nichts ist alltäglich – Kurzgeschichten aus Saarbrücken" ist im Jahr 2016 erschienen und dafür habe ich im selben Jahr den saarländischen Autorenpreis (HomBuch-Preis) in der Kategorie „Belletristik" erhalten.

Es gibt noch eine weitere große Leidenschaft (neben dem Schreiben) in meinem Leben: Die Schauspielerei.

Ich durfte schon für verschiedenen Produktionen vor der Kamera stehen, wie beispielsweise „Wissen macht Ah!", die saarländische Serie „Unter Tannen" oder „Tatort".

Auf der Bühne stehe ich regelmäßig u.a. mit meiner Improgruppe „sponTat" in Trier und während meiner Ausbildung zum Schauspieler wurde die Schauspielschule „acting and arts Saarbrücken" mein kreatives Zuhause.

Ja, und wenn du mehr wissen möchtest, kannst du mir gerne schreiben oder mich online auf folgenden Seiten besuchen:

www.benjaminkelm.de
www.instagram.com/benjaminkelm
www.facebook.com/benjaminkelmofficial

Danke,
dass du dir die Zeit genommen hast,
dieses Buch zu lesen.
Danke.